Los indígenas mexicanos

POR LA SUPERACIÓN DEL SER HUMANO Y SUS INSTITUCIONES

Los indígenas mexicanos

ubicación geográfica, organización
social y política, economía,
religión y costumbres

Lilian Scheffler

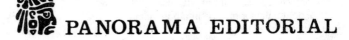

PANORAMA EDITORIAL

LOS INDIGENAS MEXICANOS

Portada:
Dibujo: Heraclio Ramírez

Fotografías:
Ruth D. Lechuga

Este libro fue publicado
originalmente con el título de:
GRUPOS INDIGENAS DE MEXICO

Primera edición: 1992
Sexta reimpresión: 1998
© Panorama Editorial, S.A. de C.V.
   Manuel Ma. Contreras 45-B
   Col. San Rafael 06470 - México, D.F.

Tels.: 535-93-48 • 592-20-19
Fax: 535-92-02 • 535-12-17
e-mail: panorama@iserve.net.mx

Printed in Mexico
Impreso en México
ISBN 968-38-0287-7

Indice

INTRODUCCION 11

1

GRUPO JOCA-MERIDIONAL 17
PAI - PAIS 19
  Generalidades 19
  Economía 19
  Organización Social . . . 19
  Religión y Creencias . 20
  Fiestas 20
  Organización Política . 21
COCHIMIES 21
  Generalidades 21
  Economía 21
  Organización Social . . 22
  Religión y Creencias . 22
  Fiestas 22
  Organización Política . 23
KILIWAS 23
  Generalidades 23
  Economía 24
  Organización Social . . 24
  Religión y Creencias . 25
  Fiestas 26
  Organización Política . 26
CUCAPAS 26
  Generalidades 26
  Economía 27
  Organización Social . . 27
  Religión y Creencias . . 28
  Fiestas 28
  Organización Política . 28
SERIS 28
  Generalidades 28
  Economía 29
  Organización Social . 30
  Religión y Creencias . 30

Fiestas 31
Organización Política . 31
TEQUISTLATECOS
(o CHONTALES DE OAXACA) 31
  Generalidades 31
  Economía 32
  Organización Social . . 33
  Religión y Creencias . . 34
  Fiestas 34
  Organización Política . 34
TLAPANECOS 35
  Generalidades 35
  Economía 36
  Organización Social . . . 36
  Religión y Creencias . . . 37
  Fiestas 38
  Organización Política . . 38

2

GRUPO OTOMANGUE . . . 39
PAMES 41
  Generalidades 41
  Economía 41
  Organización Social . . 41
  Religión y Creencias . . 42
  Fiestas 43
  Organización Política . 43
CHICHIMECAS 43
  Generalidades 43
  Economía 44
  Organización Social . . 44
  Religión y Creencias . . 45
  Fiestas 45
  Organización Política . . 45
OTOMIES 46
  Generalidades 46
  Economía 47

Organización Social .. 47
Religión y Creencias .48
Fiestas 49
Organización Política .49
MAZAHUAS 50
Generalidades 50
Economía 50
Organización Social .. 51
Religión y Creencias .51
Fiestas 52
Organización Política .52
MATLATZINCAS 53
Generalidades 53
Economía 53
Organización Social ... 53
Religión y Creencias .54
Fiestas 54
Organización Política .55
OCUILTECOS 55
Generalidades 55
Economía 56
Organización Social ..56
Religión y Creencias .56
Fiestas 57
Organización Política .57
MAZATECOS 57
Generalidades 57
Economía 58
Organización Social ..60
Religión y Creencias .61
Fiestas 62
Organización Política .62
POPOLOCAS 62
Generalidades 62
Economía 63
Organización Social ..64
Religión y Creencias .64
Fiestas 65
Organización Política .65
IXCATECOS 66
Generalidades 66

Economía 66
Organización Social .. 67
Religión y Creencias .. 68
Fiestas 68
Organización Política 69
CHOCHOS 69
Generalidades 69
Economía 70
Organización Social .. 70
Religión y Creencias . 71
Fiestas 72
Organización Política . 72
MIXTECOS 72
Generalidades 72
Economía 74
Organización Social ... 74
Religión y Creencias .. 76
Fiestas 77
Organización Política . 77
CUICATECOS 78
Generalidades 78
Economía 78
Organización Social .. 79
Religión y Creencias .. 79
Fiestas 80
Organización Política . 81
TRIQUES 81
Generalidades . . . . . . '81
Economía 82
Organización Social ... 84
Religión y Creencias .. 84
Fiestas 85
Organización Política . 85
AMUZGOS 86
Generalidades 86
Economía 86
Organización Social .. 88
Religión y Creencias .. 89
Fiestas 90
Organización Política . 90
CHATINOS 90

Generalidades 90
Economía 91
Organización Social .. 91
Religión y Creencias . 92
Fiestas 93
Organización Política . 93
ZAPOTECOS 94
Generalidades 94
Economía 96
Organización Social .. 97
Religión y Creencias . 97
Fiestas 98
Organización Política . 99
CHINANTECOS 99
Generalidades 99
Economía 100
Organización Social . 100
Religión y Creencias .102
Fiestas 103
Organización Política .103
HUAVES 103
Generalidades 103
Economía 104
Organización Social . 105
Religión y Creencias .106
Fiestas 107
Organización Política 107

3
GRUPO
NAHUA-CUITLATECO 109
PAPAGOS 109
Generalidades 111
Economía 112
Organización Social ...112
Religión y Creencias .113
Fiestas 113
Organización Política .114
PIMAS 114
Generalidades 114
Economía 115

Organización Social ..115
Religión y Creencias .116
Fiestas 117
Organización Política .117
TEPEHUANES 117
TEPEHUANES DEL NORTE .118
Generalidades 118
Economía 118
Organización Social ...120
Religión y Creencias ..120
Fiestas 121
Organización Política .122
TEPEHUANES DEL SUR ..122
Generalidades 122
Economía 123
Organización Social ..123
Religión y Creencias .124
Fiestas 125
Organización Política .125
YAQUIS 126
Generalidades 126
Economía 126
Organización Social ..127
Religión y Creencias ..128
Fiestas 128
Organización Política .129
MAYOS 129
Generalidades 129
Economía 130
Organización Social ...130
Religión y Creencias .132
Fiestas 133
Organización Política .133
TARAHUMARAS 134
Generalidades 134
Economía 135
Organización Social ..136
Religión y Creencias .136
Fiestas 139
Organización Política .139
GUARIJIOS 140

Generalidades 140
Economía 141
Organización Social .. 141
Religión y Creencias .. 142
Fiestas 142
Organización Política . 142
CORAS 143
Generalidades 143
Economía 144
Organización Social .. 144
Religión y Creencias . 145
Fiestas 146
Organización Política . 146
HUICHOLES 147
Generalidades 147
Economía 148
Organización Social .. 148
Religión y Creencias . 150
Fiestas 152
Organización Política . 152
NAHUAS 153
Generalidades 153
Economía 156
Organización Social .. 157
Religión y Creencias .. 159
Fiestas 162
Organización Política . 163

4
GRUPO MAYA-TOTONACO . 165
HUASTECOS 167
Generalidades 167
Economía 168
Organización Social .. 170
Religión y Creencias . 170
Fiestas 171
Organización Política . 172
MAYAS 172
Generalidades 172
Economía 174
Organización Social .. 176

Religión y Creencias .. 177
Fiestas 178
Organización Política . 179
LACANDONES 179
Generalidades 179
Economía 180
Organización Social .. 180
Religión y Creencias .. 182
Fiestas 183
Organización Política . 183
CHONTALES DE TABASCO 184
Generalidades 184
Economía 184
Organización Social .. 185
Religión y Creencias .. 185
Fiestas 186
Organización Política . 186
CHOLES 186
Generalidades 186
Economía 187
Organización Social .. 188
Religión y Creencias . 188
Fiestas 189
Organización Política . 189
TZELTALES 189
Generalidades 189
Economía 190
Organización Social .. 191
Religión y Creencias . 193
Fiestas 194
Organización Política . 194
TZOTZILES 194
Generalidades 194
Economía 195
Organización Social .. 196
Religión y Creencias . 198
Fiestas 201
Organización Política . 201
TOJOLABALES 202
Generalidades 202
Economía 203

Organización Social .. 203
Religión y Creencias . 204
Fiestas 205
Organización Política . 205
CHUJES 206
Generalidades 206
Economía 206
Organización Social .. 207
Religión y Creencias . 207
Fiestas 208
Organización Política . 208
JALALTECOS 208
Generalidades 208
Economía 209
Organización Social .. 209
Religión y Creencias .. 209
Fiestas 210
Organización Política . 210
MAMES 210
Generalidades 210
Economía 211
Organización Social .. 212
Religión y Creencias . 212
Fiestas 212
Organización Política . 213
MOTOZINTLECOS 213
Generalidades 213
Economía 214
Organización Social .. 214
Religión y Creencias . 214
Fiestas 215
Organización Política . 215
MIXES 215
Generalidades 215
Economía 216
Organización Social .. 217
Religión y Creencias .. 217
Fiestas 218

Organización Política . 220
POPOLUCAS 220
Generalidades 220
Economía 221
Organización Social .. 221
Religión y Creencias . 222
Fiestas 223
Organización Política . 223
ZOQUES 224
Generalidades 224
Economía 225
Organización Social .. 225
Religión y Creencias .. 226
Fiestas 228
Organización Política . 228
TOTONACAS 228
Generalidades 228
Economía 230
Organización Social .. 231
Religión y Creencias .. 231
Fiestas 232
Organización Política . 233
TEPEHUAS 233
Generalidades 233
Economía 234
Organización Social ... 234
Religión y Creencias . 235
Fiestas 236
Organización Política . 236
PUREPECHAS O
TARASCOS 237
Generalidades 237
Economía 238
Organización Social .. 240
Religión y Creencias . 241
Fiestas 242
Organización Política . 242
BIBLIOGRAFIA 243

Introducción

En el territorio que en la actualidad ocupa la República Mexicana, hubo en la época Prehispánica, relevantes culturas que alcanzaron su auge y esplendor en distintos períodos históricos, entre ellas cabe mencionar a la Olmeca del sur de Veracruz y el norte de Tabasco, la Teotihuacana cuyo centro ceremonial fue precisamente Teotihuacan, la Ciudad de los Dioses, que se encuentra al noroeste de la actual ciudad de México, la Tolteca con su núcleo más importante en Tula, Hidalgo; la Zapoteca y la Mixteca que se asentaron en Oaxaca; la Huasteca y la Totonaca que habitaron cerca de la costa del Golfo de México; la Purépecha o Tarasca localizada en lo que hoy es Michoacán; la Maya que abarcó un amplio territorio que comprendía Yucatán, Campeche, Quintana Roo, Tabasco y parte de Chiapas, así como Guatemala, Belice y una sección de Honduras y El Salvador, y la cultura Mexica o Azteca del Valle de México con su centro ceremonial en Tenochtitlan, que cuando llegaron los españoles era la más importante y que se encontraba en etapa de expansión, pues había conquistado y sometido a una buena parte de los pueblos del territorio mesoamericano.

Estas culturas tuvieron evidentemente diferencias significativas, pero asimismo compartieron rasgos que las unificaban y las caracterizaban, como son entre otros: la agricultura como base de su economía, cuyos cultivos primordiales eran el maíz, la calabaza, el chile y el frijol; el haber realizado importantes construcciones arquitectónicas con piedra y adobe entre las que ocupaban un sitio destacado las pirámides escalonadas, las canchas para el juego de pelota y las calzadas empedradas; el uso de la escritura jeroglífica y de los números y el registro de acontecimientos míticos, religiosos e históricos en los códices (o libros manuscritos); la división social en gobernantes, sacerdotes y gente del pueblo, así como la utilización de dos calendarios, uno solar de 365 días y otro ritual de 260 días, combinando ambos para conformar un ciclo de 52 años; la creencia en varias destrucciones y creaciones del mundo; un amplio número de deidades que estaban presididas por un dios dual o sea la pareja llamada Ometecuhtli y Omecíhuatl, que habían sido los creadores de todo lo existente; la celebración de diversas fiestas tanto en fecha fija como movible a lo largo del año; los sacrificios humanos y los autosacrificios para agradar a los dioses y propiciar que el mundo, la naturaleza y la vida del hombre siguieran su curso; el uso del papel de amate y el hule en sus diferentes rituales, y la utilización del baño de vapor, llamado en náhuatl *temazcal*, con fines rituales y curativos.

A la llegada de los españoles en el siglo XVI, algunas de las citadas culturas ya habían desaparecido, otras se encontraban en decadencia y otras más en su etapa de máximo esplendor; una vez consumada la Conquista, hubo conquistadores y sobre todo frailes evangelizadores que se dieron a la tarea de escribir acerca de aquellos pueblos, de sus obras, religión, dioses, mitos, leyendas, costumbres, creencias, educación, fiestas, etcétera, anotando desde su muy particular punto de vista, cómo eran aquellos pueblos con quienes empezaban a tener contacto, y más tarde también de otros pueblos que fueron conociendo en exploraciones y conquistas subsecuentes a diferentes regiones del territorio que denominaron la Nueva España, o sea lo que hoy es México.

Fray Bernardino de Sahagún recopiló, directamente de informantes indígenas, datos muy valiosos sobre los mexicas y otros cronistas dieron noticias de los mayas, los purépechas, los zapotecas y de grupos menos numerosos como los del noroeste de la República, los de Baja California, los del Golfo de México, etcétera, y es precisamente a través de dichos escritos y de los valiosos códices elaborados por los propios indígenas como se ha llegado a conocer la manera en que vivían, pensaban y concebían el mundo que los rodeaba.

En la época de la Colonia se implantaron nuevas formas de vida, así como una nueva religión y, por ello, los integrantes de los diversos grupos nativos perdieron muchos de sus elementos culturales propios, y otros más se fueron fusionando con los nuevos que iban siendo introducidos por los españoles; fue entonces cuando se instituyeron las mayordomías religiosas, o sea los cargos de aquellas personas que tienen la obligación de atender durante un lapso de tiempo, generalmente un año, la imagen de un santo para organizar y costear su fiesta anual, institución que sigue existiendo y teniendo relevancia en algunos pueblos en la época actual. Durante casi tres siglos los grupos indígenas del país fueron explotados y sometidos, sufrieron los embates de una religión que los obligó a olvidar y a considerar erróneas a sus creencias y, por si fuera poco, se les dio un trato de seres inferiores, esclavos y sirvientes de aquellos que los habían conquistado.

Así, con el paso de los años, sus formas de vivir se fueron transformando, y tuvo lugar una fusión de parte de sus antiguos patrones culturales y los nuevos elementos traidos de Europa, lo que fue dando por resultado un sincretismo o amalgama de rasgos culturales que actualmente se encuentra presente, en mayor o menor grado, entre todos los indígenas del país.

Pero cabe aclarar que no todos los grupos recibieron la influencia externa y los consecuentes cambios de igual manera, pues mientras que los que estaban físicamente más próximos a los asentamientos españoles sufrieron las consecuencias de manera más evidente, aquellos que vivían en regiones aisladas conservaron en mayor medida sus propias tradiciones y los elementos nuevos se introdujeron en forma más lenta o quedaron excluidos por completo y, debido a ello, aún hasta el día de hoy existen grupos en los que dentro de su manera de ver y explicar al mundo se perciben más obviamente las características de su antigua cultura.

Actualmente en México se hablan más de 50 idiomas indígenas diferentes, los grupos de hablantes de estos idiomas, además de tener una lengua en común que los identifica y los caracteriza, conservan su indumentaria particular, sus creencias, sus tradiciones y su forma de ser, situación que les imprime una singularidad y conforma al país como un colorido y variado mosaico cultural.

Aquí se presenta la descripción de 53 grupos indígenas, atendiendo para dividirlos a la clasificación de lenguas indígenas de México propuesta por el Dr. Mauricio Swadesh, puesto que la lengua es uno de los rasgos culturales más importantes, ya que identifica y da cohesión a aquellos que la comparten, se presentan entonces divididos en cuatro apartados que corresponden a los cuatro grandes grupos lingüísticos, que son: Joca-Meridional, Oto-mangue, Nahua-Cuitlateco y Maya-Totonaco, cada uno de éstos está subdividido en troncos y familias, según el grado de parentesco que presenten entre sí los diferentes idiomas que lo componen.

En algunos grupos indígenas pertenecientes al mismo tronco y familia lingüística se podrán apreciar ciertas semejanzas en sus patrones culturales, sus expresiones rituales y sus ideas respecto a la muerte, a la enfermedad y a su curación, dado que algunos son vecinos cercanos que comparten muchas características de su organización social, económica y religiosa, y aunque en ocasiones pueda parecer repetitivo, se ha preferido incluir a cada uno por separado y no por familias lingüísticas para dar una idea más precisa de todos y cada uno de ellos, con objeto de que se valoren en su justa medida sus costumbres, creencias y tradiciones propias.

Una buena parte de los habitantes de México tienen la tendencia de menospreciar y discriminar al indígena, denotando un evidente racismo, puesto que se les tilda de flojos, sucios o tontos, complejos todos ellos heredados de la época de la Colonia y originados básicamente por la ignorancia y la falta de información acerca de su forma de ser, ya que evidentemente el hecho de ser diferentes a los demás no los torna de ninguna manera en inferiores. Asimismo en la mayoría de los mexicanos se presenta una fuerte contradicción a este respecto, pues por lo general admiran a los antepasados de los indígenas actuales, a aquellos que edificaron las excelentes obras arquitectónicas como las pirámides de los centros ceremoniales, que hicieron bellas esculturas, que tuvieron grandes adelantos astronómicos y que resistieron los embates guerreros de quienes llegaron a someterlos con armas más eficaces.

Desgraciadamente los actuales descendientes de los indígenas prehispánicos siguen siendo explotados, en ocasiones maltratados y viven, o más bien sobreviven, con base en una economía de subsistencia, pero todavía apegados a sus propios patrones culturales, muchas veces ignorados por el resto de la población del país, que ni siquiera es consciente de su existencia como grupos distintos entre sí, pues a lo mucho se refiere a todos etiquetándolos bajo el rubro de "indios", o en el peor de los casos de "inditos"... "bajados del cerro a tamborazos"... poniendo de manifiesto su desprecio, así como su falta de conocimiento y de respeto hacia los integrantes de los grupos más auténticos de México.

¿Qué ha sucedido con ellos después de 450 años de ocurrida la Conquista?, ¿dónde se localizan?, ¿cuántos son?, ¿cómo piensan?, ¿en qué forma conciben e interpretan al mundo que los rodea?, esto es lo que intenta narrar este libro, que sólo pretende ser un testimonio y un reconocimiento de los valores culturales de los grupos indígenas actuales de nuestro país, con la sana intención de que se les conozca y se les entienda, ya que aunque tienen una cultura distinta a la de aquellos que integran el grupo mayoritario, son parte importante del México actual, de sus tradiciones y de su identidad.

1

Grupo
Joca-Meridional

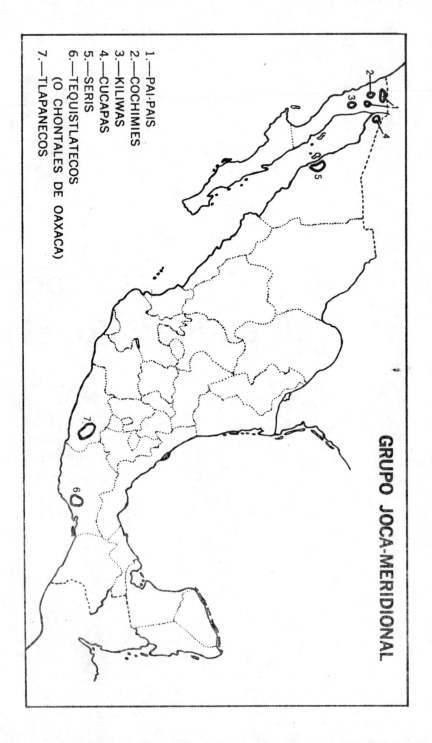

GRUPO JOCA-MERIDIONAL

1.—PAI-PAIS
2.—COCHIMIES
3.—KILIWAS
4.—CUCAPAS
5.—SERIS
6.—TEQUISTLATECOS
    (O CHONTALES DE OAXACA)
7.—TLAPANECOS

Pai-pai

Generalidades

Los pai-pai habitan en el norte de la península de Baja California, en el municipio de Ensenada, en una zona montañosa, de tierras áridas, con clima seco y lluvias escasas. Para 1970 había 236 hablantes de pai-pai, en el Censo de 1980 no hay datos al respecto y este idioma pertenece al grupo Joca-Meridional, tronco Yumapacua. Viven en habitaciones que tienen paredes de carrizo o varas de madera y techos de madera o ramas y actualmente hombres y mujeres visten con prendas de fabricación comercial.

Economía

Esta se basa en la cría de ganado a baja escala y en la agricultura: siembran maíz, calabaza, frijol y chile para su propio consumo; como complemento de su alimentación practican la caza y la recolección y debido a su precaria situación económica muchos hombres realizan emigraciones temporales para contratarse como trabajadores asalariados. Hacen artesanías de ixtle, madera y cuero, productos que utilizan principalmente a nivel familiar.

Organización Social

La base de su sociedad es la familia extensa, constituida por varias familias emparentadas que viven en un conjunto habitacional. El matrimonio se realiza sin que medie ninguna ceremonia, basta que una pareja, de común acuerdo, decida unirse y construya su casa cerca de la paterna para que sea reconocida como tal. Los niños son entrenados en los hábitos de higiene cuando aprenden a caminar y más tarde se les enseñan, a través del ejemplo de sus mayores, las labores que deberán realizar al llegar a adultos.

La muerte se acompaña del velorio y el entierro; es frecuente que las posesiones del difunto y la casa en que habitaba se destruyan al regresar del cementerio. Se piensa que los difuntos moran en un lugar especial y que pueden comunicarse con los vivos a través de sueños, por lo que deben ser recordados y ofrendarles comida y bebida una vez al año.

Religión y Creencias

Los pai-pai no tienen una religión institucional, rinden culto a deidades asociadas con los astros, especialmente con la Luna y las estrellas y creen en la existencia de seres espirituales relacionados con fenómenos de la naturaleza. Hay curanderos que hacen ceremonias y ofrendas dedicadas a sus deidades, los rituales para que la naturaleza les sea favorable, y curan las enfermedades de los miembros del grupo, que pueden ser causadas por los seres espirituales a los que no se ha rendido culto, o bien por las almas de los difuntos que no han sido debidamente recordados.

Fiestas

Cada pueblo pai-pai celebra una fiesta anual en la que se canta y se baila, las del 4 de octubre día de San Francisco y la Navidad, y en diferentes fechas se hacen celebraciones locales para favorecer a las fuerzas de la naturaleza y honrar a las deidades.

Organización Política

A nivel interno conservan un jefe de cada localidad, quien resuelve sus problemas, hay un representante de sus tierras de propiedad comunal que se mantiene en contacto con las autoridades municipales. Sus pueblos pertenecen constitucionalmente a un municipio y allí, los cargos más importantes se encuentran en manos de los mestizos del lugar.

Cochimies

Generalidades

El grupo cochimí se localiza en el norte de Baja California, en algunos de los pueblos que conforman los municipios de Tijuana, Ensenada y Tecate, en un territorio montañoso de clima seco y pocas lluvias. Los hablantes de cochimí en 1970 eran 149, y su idioma está clasificado en el grupo Joca-Meridional, tronco Yumapacua.

Sus casas son de planta rectangular o cuadrada, con paredes de varas de madera o carrizo y techos de madera o palma. Su indumentaria no difiere de la que usan los mestizos de la región, ya que consiste de prendas de fabricación comercial.

Economía

Esta se basa en la combinación de varias actividades, se dedican a la agricultura sembrando maíz, frijol, chile y calabaza para su propio consumo y complementan su alimentación con la recolección y la cacería. Algunos miembros del grupo realizan emigraciones diarias o temporales para trabajar cuidando ganado en los grandes ranchos y su artesanía es el tejido de cestos de palma, que usan y venden.

Organización Social

La unidad primordial de su sociedad es la familia extensa, ya que dentro de un mismo conjunto viven varias familias emparentadas. El matrimonio no requiere de mayores trámites, pues si una pareja lo decide, construye su casa y vive como matrimonio socialmente aceptado. Los niños a partir de los 7 años aprenden, a través del ejemplo, las labores propias de su sexo.

En ocasión de la muerte se hace un velorio de dos o tres noches, luego el entierro en el que, a veces, se acostumbra poner comida, bebida y objetos personales del difunto y ocasionalmente destruyen las cosas que usó e inclusive la casa en que vivió, para impedir que regrese a perturbar a los vivos.

Religión y Creencias

No practican una religión institucional y su concepción del mundo es animista, ya que conciben a las fuerzas de la naturaleza dotadas de espíritu, por lo que llevan a cabo prácticas y rituales para honrarlas y propiciarlas. Hay curanderos que hacen dichos rituales y curan a quienes padecen enfermedades, que se cree son causadas por lo sobrenatural, y son tratadas tanto con ofrendas como con hierbas medicinales.

Fiestas

Hacen algunas festividades del santoral católico, destaca la de San Francisco, que coincide en esa fecha, pero no tiene mucho que ver con este culto, sino que se asocia con la fertilidad de la tierra. También son relevantes las dedicadas a los difuntos, tanto la anual como la que se hace al año del deceso.

Organización Política

Su única autoridad política es el jefe de cada comunidad, designado por los ancianos del grupo, que soluciona sus problemas internos, y por otra parte dependen de la cabecera municipal correspondiente.

Kiliwas

Generalidades

El grupo Kiliwa se asienta en el norte de Baja California, en varias rancherías pertenecientes al municipio de Ensenada, en una zona de tierras erosionadas y áridas atravesada por montañas, con clima cálido, seco y lluvias escasas. En 1970 había aproximadamente 210 hablantes de kiliwa, idioma que pertenece al grupo Joca-Meridional, tronco Yumapacua y tiene la particularidad de que en la comunicación usan silbidos y gritos como medios auxiliares.

Antiguamente construían sus viviendas en forma de domo, pero ahora muchas son rectangulares, con paredes de madera o carrizo y techos de madera o paja, aunque también se han empezado a construir casas con adobe y lámina. Tanto hombres como mujeres usan prendas de vestir de fabricación comercial, y algunos visten de manera similar a los vaqueros de Estados Unidos.

Economía

La ganadería es la actividad primordial del grupo: crían vacas y cabras y usan sus productos para el consumo familiar y para la venta. También se dedican a la agricultura, producen maíz, chile, frijol, calabaza, cebolla y algunos frutales, y complementan su alimentación con la caza y la recolección. A últimas fechas también realizan emigraciones temporales para contratarse como peones agrícolas y las artesanías que producen son trabajos en cuero, ixtle y madera.

Organización Social

La unidad social es la familia extensa, cuyos miembros viven en un conjunto habitacional y realizan labores de subsistencia de manera conjunta. Generalmente se unen en matrimonio con miembros de su propio grupo, o bien con los de grupos indígenas vecinos; el joven lleva algunos obsequios a la familia de ella y si se muestra de acuerdo, la pareja edifica su casa, cerca de la de alguna de sus familias. Desde los 6 o 7 años las niñas comienzan a ayudar en los quehaceres domésticos y los niños acompañan a sus padres a sus labores y así aprenden lo que tendrán que hacer en la edad adulta.

La muerte da lugar a lamentaciones y tristeza, dos o tres personas ajenas a la familia lavan y limpian el cuerpo con aceite y hierbas y le ponen sus mejores ropas. Los asistentes al velorio rezan dirigidos por un anciano, haciendo una ceremonia de despedida para el muerto, pues durante tres noches continuas platican y actúan como si estuviera presente. Cuando el cuerpo es depositado en la caja, las mujeres de su familia ponen dentro el pelo que se han cortado y algunas pertenencias del difunto, comida, bebida y cigarros, para que tenga lo necesario en el viaje que emprenderá.

Al regresar del entierro, si el difunto es mayor de 17 o 18 años, se desarma su vivienda y se quema en el lugar donde se encontraba, para que el muerto no regrese a molestar a sus familiares, quienes después se lavan con agua fría. Las almas pueden volver a la tierra, por ello anualmente en octubre se les hacen ofrendas con comida, velas, bebida y flores, y a veces al año de haber fallecido se hace la ceremonia llamada *majassiigp* o "fiesta para llorar al muerto", que dura tres días; para ello se colocan alimentos, sarapes, bebidas y prendas de vestir y se hace fuego, los asistentes pasan a llorar poco antes del obscurecer de cada día y al tercero se reparte entre ellos lo que estuvo expuesto.

Religión y Creencias

Los kiliwas conservan buena parte de los elementos religiosos propios del grupo, hay un dios principal asociado con la Luna, que es el origen de todo y que mora en el lugar de los muertos. También creen en una deidad que se identifica con el Sol y en cuatro deidades menores denominadas "los hermanos" que se representan con figuras antropomorfas de madera. Existen seres sobrenaturales relacionados con la naturaleza y, no menos importantes son los espíritus de los muertos que continúan en contacto con los humanos a través de sueños.

Hay curanderos que realizan ceremonias y rituales para honrar a las deidades, como la que se hace para la Luna llena, y la anual que se dedica al Sol, y llevan a cabo los rituales correspondientes a la muerte. En las ceremonias los especialistas utilizan flautas, sonajas, pipas, vidrios para adivinar, sahumerios, copal y, entre los objetos de culto, tiene un sitio relevante la "piedra cantora", que fue creada por su deidad principal.

La enfermedad es tratada por los curanderos en base a hierbas medicinales, ceremonias y ofrendas a las deidades, existe la concepción de las "enfermedades del cuerpo" y las "enfermedades del espíritu", éstas son ocasionadas por entes sobrenaturales, espíritus malignos o difuntos vengativos. Entre los kiliwas no hay brujos, pues quienes practican esta actividad son despreciados.

Fiestas

Realizan muy pocas festividades y sobresalen los ceremoniales dedicados a honrar a sus deidades locales y las que se hacen para los difuntos.

Organización Política

En cada comunidad hay un capitán o jefe, a quien las autoridades municipales reconocen sólo para la solución de problemas internos. El cargo de capitán es hereditario, pero si falla el grupo tiene la facultad de elegir otro, y a nivel municipal dependen de la cabecera a la que su pueblo pertenece.

Cucapás

Generalidades

El grupo cucapá habita en el norte de Baja California, cerca de la frontera con Sonora, en los valles próximos al río Colorado, en un territorio montañoso de clima cálido y lluvias escasas. En 1970 se estimaba que había

186 hablantes de cucapá, idioma clasificado en el grupo Joca-Meridional, tronco Yumapacua. Sus casas tienen paredes de varas de madera, carrizo o mezquite y techos de paja o madera, y la vestimenta que usan los hombres y las mujeres es de confección comercial.

Economía

Se basa en una combinación de distintas actividades: siembran la tierra en pequeña escala, se dedican a la caza, a la recolección y a la pesca en los ríos. Para complementar sus ingresos emigran, diariamente o de forma temporal, como trabajadores asalariados. Elaboran artesanías en chaquira como aretes, pulseras y brazaletes que dedican a la venta.

Organización Social

La unidad primordial es la familia extensa, que vive en varias habitaciones cercanas y cuyos miembros llevan a cabo trabajos domésticos y de subsistencia en forma conjunta. El matrimonio se realiza sin ceremonia especial, ni ningún otro requerimiento que la voluntad de la pareja. Los niños desde pequeños colaboran en las tareas de la casa y del campo, aprendiéndolas así de manera gradual.

La muerte se acompaña de un velorio y en el entierro se colocan las pertenencias del difunto, alimentos y bebida. A veces, al regresar del panteón destruyen la casa del difunto y todo lo que contiene. Se cree que los muertos moran en un lugar especial y los vivos tratan de que estén contentos para que no interfieran en su vida.

Religión y Creencias

Sus creencias religiosas son animistas ya que dotan de espíritu a todo lo existente y realizan ceremonias para las fuerzas de la naturaleza. Los curanderos intervienen en las citadas ceremonias, en las que se hacen para los difuntos y en las de curación de enfermedades causadas por lo sobrenatural.

Fiestas

Realizan una fiesta anual el 4 de octubre, en honor de San Francisco, con danzas y cantos, la cual mas que ser un acto relacionado con el culto católico tiene el objeto de agradecer a la tierra los frutos que les ha dado.

Organización Política

Los cucapás están integrados al sistema nacional de municipios y los pueblos deben acatar las disposiciones de la cabecera municipal a la que pertenecen, pero internamente existe un jefe que se encarga de solucionar los problemas locales.

Seris

Generalidades

En la época Prehispánica los seris fueron uno de los grupos nómadas del noroeste de México, después de la Conquista su habitat se fue reduciendo pues los españoles fueron tomando posesión de sus tierras; ya en este siglo, a finales de la década de los veinte, se trasladaron a la Isla Tiburón y empezaron una vida semisedentaria. Actualmente viven en dos localidades, Punta Chueca en el municipio de Hermosillo y Desemboque en el de Pitiquito, en el desierto de Sonora, lugar con escasa agua en el subsuelo y pocas lluvias; su territorio conforma un ejido de suelos pedregosos cerca de la sierra y arenosos en los valles. Durante la temporada de pesca emigran a los campamentos "Las Víboras" y "El Sargento", en el litoral del Golfo de California.

Los hablantes de idioma seri registrados en el Censo de 1980 fueron 450, su idioma pertenece al grupo Joca-Meridional, tronco Yumapacua, y ellos no se llaman a sí mismos seris, sino que se denominan *konkáak*, que en su lengua significa "gente". Hacen sus casas con láminas de madera y cartón, aunque también hay habitaciones construidas con materiales más resistentes. Los hombres visten con pantalón y camisa de fabricación comercial y las mujeres usan blusa, falda amplia de colores y una especie de pañuelo en la cabeza; antes acostumbraban decorarse la cara con pinturas vegetales, adorno que se encuentra en vías de desaparición.

Economía

A partir de que los seris se asentaron en Desemboque y Punta Chueca se dedican a la pesca, que les proporciona ingresos suficientes para su subsistencia, y excedentes para la compra de camionetas y otros artículos. Los hombres llevan a cabo las actividades de la pesca, transportan diferentes materiales en sus vehículos, se dedican a actividades mecánicas y realizan el trabajo artesanal de madera, que es relativamente reciente ya que empezaron a elaborar esta artesanía hace unos veinte años, tallando y puliendo distintas figuras, principalmente zoomorfas, en palo fierro y en corazón de mezquite, que dedican a la venta. Las mujeres, además de las blusas hacen productos de cestería, en especial los cestos llamados *coritas* con ramas de torote y ocotillo, y son ellas quienes se encargan de vender las artesanías.

Organización Social

Las familias nucleares o extensas son las unidades básicas de su sociedad. Hasta hace algunos años los padres del joven solían hacer los arreglos para el matrimonio, entre los que estaban el pago de la novia, pues el padre de ella recibía diversos objetos y alimentos. Había ceremonias cuando las muchachas llegaban a la adolescencia, con una fiesta de iniciación, después de la cual eran consideradas adultas, las que en la actualidad sólo celebran ocasionalmente y, en ocasión de la muerte después del entierro, tenía lugar un intercambio de objetos entre la familia del difunto y el especialista que había hecho el ritual correspondiente.

Hoy en día, la mayor parte de esas costumbres tradicionales se han ido perdiendo, debido al cambio de su vida nómada a la sedentaria y el haberse integrado al sistema económico nacional, así como por la adopción de patrones sociales que los identifican cada vez más con la población mestiza de la región.

Religión y Creencias

La antigua religión seri era animista pues dotaban de espíritu a los diferentes elementos de la naturaleza. Durante el siglo XVIII los misioneros católicos intentaron cristianizarlos, pero sus esfuerzos resultaron infructuosos; hoy en día siguen realizando ceremonias asociadas con la fertilidad, así como para que los elementos de la naturaleza, principalmente el mar y el viento, les sean favorables. Cabe hacer notar que ahora muchos de ellos practican la religión protestante, pues desde la década de los cincuenta, comenzaron a ser influidos por los miembros de la iglesia evangelista, quienes tuvieron mayor éxito que los católicos de dos siglos atrás.

Fiestas

Celebran pocas fiestas a lo largo del año, ocasionalmente tienen lugar rituales de iniciación y ceremonias para lograr buena pesca y propiciar al viento y al mar, pero como han adoptado el protestantismo, la celebración de festividades ha disminuido considerablemente.

Organización Política

No tienen una organización tradicional en este sentido debido a sus antiguos patrones nómadas, pero el Consejo Supremo Seri y los encargados de la Cooperativa Pesquera poseen autoridad para resolver sus problemas.

Tequistlatecos (o chontales de Oaxaca)

Generalidades

Los tequistlatecos, mejor conocidos como chontales de Oaxaca, viven en el suroeste de dicho estado, y geográficamente se dividen en los de la sierra y los de la costa. Los serranos habitan la zona montañosa, en un territorio con alturas entre los 1,200 y 1,800 metros sobre el nivel del mar, mientras que los costeños habitan la zona comprendida entre Rincón Bamba y Chacalapa, siendo muy variable el clima de la región, pues va del tropical lluvioso al templado con lluvias. En 1980 los chontales de Oaxaca sumaban un total de 7,575, el idioma tequistlateco o chontal de Oaxaca pertenece al grupo Joca-Meridional, tronco Yumapacua, y tiene diferencias dialectales que hacen que los habitantes de la sierra y la costa no puedan entenderse en el idioma nativo.

Las casas de la sierra son de adobe o bambú y barro con techos de paja, y las de la costa de tabique o adobe y techos de palma o teja, de una o dos aguas. Las mujeres usan todavía en cierta medida el traje tradicional, que consta de falda larga de colores, huipil corto tipo blusa con bordados geométricos, rebozo y huaraches; aunque muchas de ellas visten ya con prendas de tipo comercial, los hombres ya no usan la indumentaria indígena, todos visten con pantalón y camisa de fabricación comercial, huaraches o zapatos.

Economía

Son básicamente agricultores, sus cultivos son el maíz y el frijol que siembran con el sistema de tumba, roza y quema; en la costa también producen ajonjolí y, donde hay riego, frutales que dedican a la venta, la zona alta tiene menos tierras cultivables, así que sus productos son para su propio consumo. En toda el área cultivan maguey del que extraen el líquido para hacer el mezcal, bebida alcohólica importante en sus celebraciones rituales. En la ganadería participan sólo como "medieros", el ganado caprino es de los mestizos a quienes rentan las tierras de pastizales y a cambio reciben algunos animales. Poseen algunos cerdos, burros y aves de corral. En la costa se dedican también a la pesca, para cuya comercialización cuentan con cooperativas.

Emigran temporalmente a Coatzacoalcos en Veracruz o Salina Cruz y Tehuantepec en el propio estado de Oaxaca donde se contratan en fábricas o pequeñas industrias, o al Soconusco en Chiapas para laborar en las fincas cafetaleras. Su producción artesanal ha decaído considerablemente, hay todavía mujeres que por pedido expreso de comerciantes mestizos, confeccionan faldas y huipiles cortos, que ellos distribuyen y venden; en algunos lugares hacen objetos utilitarios de barro y tejen redes, petates y morrales con fibras naturales.

Organización Social

Hay familias tanto nucleares como extensas y todos sus miembros participan en las labores de subsistencia. Cuando un joven desea casarse, su padre lleva a cabo varias visitas a la familia de la muchacha para hacer la petición, una vez que llegan a un acuerdo entregan obsequios como precio por la novia, y se fija la fecha de la ceremonia, después de la cual ofrecen comida y bebida tanto en la casa de la novia como en la del novio, hay música y baile, y finalmente la pareja se arrodilla ante el altar familiar para orar; aunque actualmente es más común la realización del matrimonio civil y religioso, seguidos de una fiesta familiar. En la educación de los niños no usan castigos, realizan la enseñanza a través del ejemplo de los mayores, y desde los ocho años comienzan a aprender las labores propias de su sexo.

Cuando alguien muere se hace un velorio en el que sirven comida y bebida a los asistentes, elevan oraciones y el cadáver es sepultado con algunas de sus pertenencias.

El compadrazgo tiene bastante relevancia, pues quienes así quedan emparentados se consideran como miembros de la misma familia, los ahijados son tratados como hijos propios, y se eligen padrinos para bautizos, confirmaciones, "vela" o sea cuando los padrinos realizan una ceremonia para solicitar a un santo que un enfermo se alivie, y los de boda, denominada *wasi*.

Religión y Creencias

Practican la religión católica, matizada por elementos y rituales de su antigua religión; llevan a cabo rituales que se asocian con la fertilidad de la tierra, la petición de lluvias y la protección y la salud de los miembros del grupo. Dichos rituales se hacen en familia, dirigidos por el padre, quien debe guardar abstinencia sexual y no beber ni fumar durante algunos días; para efectuarlos sigue las indicaciones de un antiguo libro que pasa de generación en generación, adquirido en un principio de un especialista experimentado.

En las citadas ceremonias, que se dirigen a sobrenaturales como el Sol, usan copal en cantidad variable, dependiendo de la petición que se haga, o bien se ofrenda un guajolote al que le cortan y queman la cabeza y su sangre se riega en el fuego.

Fiestas

Se realizan algunas fiestas del santoral católico, como la del santo patrono de cada pueblo, la Semana Santa, la Santa Cruz y la dedicada a los difuntos. En la costa también celebran el carnaval con bailes durante dos o tres días y queman la palma bendita del año anterior para usar las cenizas en la ceremonia del Miércoles de Ceniza. Se eligen mayordomos que pagan los gastos de las fiestas, aunque son ayudados por los otros habitantes de la comunidad.

Organización Política

Esta sigue los lineamientos de tipo municipal que rigen a todos los estados del país, aunque se mantiene el sistema tradicional de cargos por escalafón en el que se asocian lo político y lo religioso. En varias localidades existe también un grupo de consejales, conocedores de sus normas y tradiciones, a quienes se acude para solucionar distintos problemas.

Tlapanecos

Generalidades

El grupo tlapaneco habita en el sureste de Guerrero, en parte de la Sierra Madre Occidental, en la zona montañosa y en la vertiente interna en la costa, lo que da lugar a tres zonas geográficamente diferentes, la serrana de clima frío y bosques, la interior con clima templado y la de la costa de clima caluroso y pocas elevaciones, toda la zona es atravesada por el río Tlapaneco que nace en Atlixtac y tiene afluentes que forman una parte de la Cuenca del Balsas. Según el Censo de 1980 había 53,130 hablantes de idioma tlapaneco, que pertenece al grupo Joca-Meridional, tronco Tlapaneco, familia Tlapaneca.

Por lo regular poseen dos viviendas, la mejor situada cerca de sus campos de cultivo y la otra en la cabecera municipal, las casas tienen paredes de adobe y techos de teja o zacate. Su vestido tiene algunas características singulares del grupo, los hombres llevan calzón de manta anudado en los tobillos, camisa del mismo material, faja, sombrero de palma y huaraches y en las zonas frías usan un gabán de lana. Las mujeres visten falda larga azul, blusa de manta con bordados, una especie de mantilla o un rebozo y huaraches.

Economía

La agricultura es su actividad básica, los cultivos varían de acuerdo con la zona, pero los principales en todas son maíz, calabaza y frijol; siembran también jitomate, caña de azúcar, frutales, papa, chile y café; los tres primeros los usan para su consumo y los segundos los destinan a la venta. Poseen algunas cabezas de ganado mayor, cerdos, ovejas y cabras, y emigran temporal o definitivamente hacia otros lugares, sobre todo al Distrito Federal, donde trabajan como asalariados.

Las artesanías que elaboran son objetos de palma: sombreros, petates, abanicos y tenates, y en la sierra tejen gabanes de lana.

Organización Social

La base de la sociedad es la familia nuclear, constituida por los padres y sus hijos solteros; el matrimonio se realiza de preferencia entre los miembros del mismo pueblo. Cuando un joven desea casarse se contrata a un casamentero que visita a la familia de la novia junto con el padre del joven llevando diversos regalos, hablan hasta que llegan a un acuerdo y se fija la fecha de la ceremonia, después de la cual se hace una fiesta.

La pareja vive un tiempo con los padres de ella, pues el joven debe trabajar para sus suegros como "pago por la novia" y el matrimonio no queda definitivamente establecido hasta que nace su primer hijo, que es cuando tiene lugar la ceremonia de la "quema de la leña", en la que hacen una fogata, y ofrendas a sus deidades; durante tres días hay música, comida y bebida en abundancia. Desde pequeños los niños comienzan a aprender los trabajos propios de su sexo: los niños los del campo y las niñas los del hogar, ya que gradualmente se les dan tareas de mayor responsabilidad.

Al morir un miembro del grupo, el cuerpo es lavado y envuelto en una tela blanca, lo ponen en un petate o en una caja, según las posibilidades de la familia, hacen un velorio y después el entierro. Aunque empiezan a aceptar la concepción católica del más allá, todavía creen en menor medida, que el alma recorre todos los caminos por los que pasó en vida, luego toma la forma de una mariposa, que es devorada en cuatro ocasiones por el diablo, que más tarde la defeca; si el diablo la atrapa fácilmente el alma trabajará eternamente en milpas de poca fertilidad, pero si le es difícil hacerlo, su trabajo será en tierras fértiles.

El compadrazgo es una institución de relevancia, que tiene características especiales, los padrinos de bautizo tienen obligaciones con sus ahijados hasta que cumplen doce años, cuando se realiza la ceremonia del "lavado de manos" en la que, los padres lavan las manos de los padrinos y se dan por terminados sus deberes. En el caso del matrimonio los consuegros se consideran compadres entre sí.

Religión y Creencias

Son católicos y conservan parte de sus antiguas creencias, veneran a dos deidades *Akunba* y *Akunmbatso* relacionadas con el agua y la fertilidad. Los especialistas hacen rituales para el matrimonio y para la "quema de la leña", así como para que haya lluvia y buenas cosechas, y también para la curación de las enfermedades.

Hay fiscales que ayudan a los sacerdotes, trabajan con los miembros del Ayuntamiento y cuidan el panteón, también se nombran sacristanes y sus auxiliares que cuidan la iglesia, los mayordomos de las imágenes, el mayor (o segundo mayordomo) para organizar las fiestas y el escribiente que lleva la cuenta de los gastos de dichas fiestas.

Fiestas

Realizan algunas festividades del santoral católico como las de los santos patronos de los diferentes pueblos, la de Santiago Apóstol, las del primero y el quinto viernes de Cuaresma, la de San Juan Bautista, la de San Pedro y San Pablo, y la de la Virgen de Guadalupe, variando su importancia de un pueblo a otro; como elemento destacado de las fiestas están las danzas, interpretan la de los Doce Pares de Francia y una de hombres enmascarados llamada Los Charreos.

Organización Política

Conjuntamente con la organización municipal que rige en el país, se mantiene la tradicional con distintos cargos políticos relacionados con los religiosos, los puestos más importantes son los de los principales, siguiéndoles los regidores y los topiles, todos ellos se encargan de solucionar los problemas de la comunidad y de observar que se cumplan las normas del grupo.

2

Grupo
Otomangue

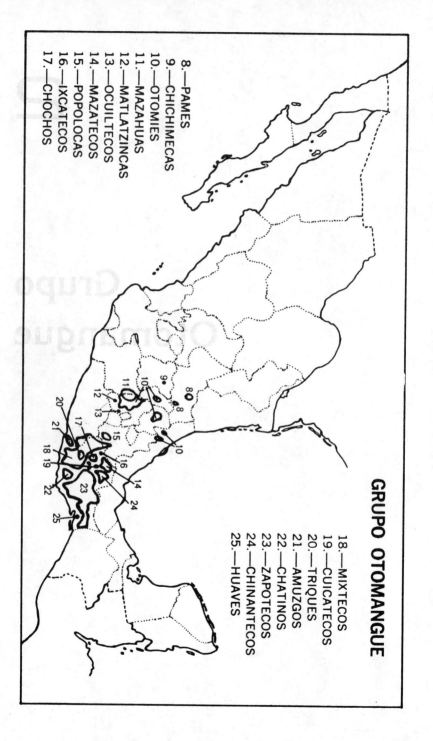

GRUPO OTOMANGUE

8.—PAMES
9.—CHICHIMECAS
10.—OTOMIES
11.—MAZAHUAS
12.—MATLATZINCAS
13.—OCUILTECOS
14.—MAZATECOS
15.—POPOLOCAS
16.—IXCATECOS
17.—CHOCHOS

18.—MIXTECOS
19.—CUICATECOS
20.—TRIQUES
21.—AMUZGOS
22.—CHATINOS
23.—ZAPOTECOS
24.—CHINANTECOS
25.—HUAVES

Pames

Generalidades

Los pames se localizan en el centro y sur de San Luis Potosí, y un número reducido de ellos en la zona de Querétaro que colinda con el anterior, en un territorio árido y desértico, con pequeñas elevaciones, aunque en sitios cercanos a la Sierra Madre Oriental llegan a alcanzar hasta 1,500 metros sobre el nivel del mar, con clima frío cerca de la sierra y seco en la parte desértica. En 1980 había 4,670 hablantes de pame en San Luis Potosí y únicamente 48 en Querétaro, un total de 4,718; este idioma está clasificado en el grupo Otomangue, tronco Otopame, familia Pame Jonáz, y tiene dos variantes dialectales, una en cada estado.

Sus casas son de planta rectangular, con paredes de varas o adobe y techos de zacate o tejamanil de dos aguas. La vestimenta tradicional ya ha desaparecido, y hoy en día tanto hombres como mujeres usan prendas de fabricación comercial.

Economía

La base de su economía es la agricultura: cultivan maíz, calabaza, camote y lenteja y los productos son en su totalidad para el consumo familiar. También crían cabras y aves de corral, pescan en las lagunas y debido al bajo rendimiento de los suelos se ha incrementado la emigración temporal para trabajar como asalariados en poblaciones cercanas.

Organización Social

La unidad primordial del grupo es la familia nuclear

formada por los padres y sus hijos solteros. Hasta hace poco los progenitores del joven o un representante suyo, solicitaban a los padres de la muchacha su anuencia para el matrimonio, pero actualmente llevan a cabo la petición de manera menos formal y realizan con más frecuencia las ceremonias civil y eclesiástica. Cuando los niños cumplen 6 o 7 años, sus padres empiezan a enseñarles las labores del campo y de la casa respectivamente.

En ocasión de la muerte el cuerpo es vestido con sus mejores prendas y colocado en una mesa, bajo la cual pintan una cruz con cal. Lo entierran acompañado de un recipiente con agua, comida y algunas monedas; las nueve noches siguientes rezan y al noveno día recogen la cal y la llevan a la sepultura junto con una cruz de madera.

El compadrazgo se establece en ocasión del bautizo y el matrimonio y aunque implica relaciones de respeto no llega a ser muy relevante.

Religión y Creencias

Practican la religión católica sincretizada con elementos de sus antiguas creencias, hay sitios especiales en los que hacen ceremonias para los seres sobrenaturales entre los que están el Sol y la Tierra, y son los especialistas en artes ocultas quienes las dirigen, ponen las ofrendas correspondientes y elevan las oraciones necesarias.

Estos especialistas no son vistos como malos o negativos, aunque sí se cree que pueden causar enfermedades, por su facultad de comunicarse con lo sobrenatural. Son ellos quienes se encargan de curar los padecimientos, entre los que están los provocados por la brujería, el "espanto" debido a una impresión fuerte, los "malos aires" causados por seres espirituales o por las almas de los difuntos, y el "mal de ojo" originado por personas que tienen mirada fuerte.

La organización religiosa tradicional ya no tiene vigencia y sólo subsisten los mayordomos de los santos que organizan sus festividades.

Fiestas

Realizan las dedicadas a los santos patronos, y algunas otras del santoral católico como la Santa Cruz, la Semana Santa con ceremonias relacionadas con la Pasión de Cristo y la de los difuntos con ofrendas y la interpretación de una danza en la que los participantes se ponen la ropa de alguien ya fallecido.

Organización Política

A nivel interno conservan el cargo de gobernador, que es desempeñado por un hombre que ha cumplido con las mayordomías y que es elegido por todos los miembros de la comunidad, pero su autoridad es sólo local, ya que los pueblos están sujetos a la cabecera municipal correspondiente.

Chichimecas

Generalidades

En la frontera norte de Mesoamérica habitaron en la época prehispánica, grupos nómadas cazadores y recolectores, llamados "chichimecas", que en lengua náhuatl significa "linaje de perros", por los mesoamericanos. En la época Virreinal algunos chichimecas se establecieron en el norte de Guanajuato, pues se les dieron tierras cerca de San Luis de la Paz tratando de que vivieran pacíficamente; se dedicaron al trabajo en las minas de la región, regresando a sus terrenos nomádicos si tenían dificultades, hasta que a fines de los veinte, la Misión de Chichimecas fue convertida en ejido. Hoy en día los descendientes de los chichimecas nómadas prehispánicos, moran únicamente en la Misión de Chichimecas, en Guanajuato, en un valle semiárido, atravesado por dos arroyos, clima seco, caluroso en verano y frío en invierno.

Se calcula que para 1980 había 1,600 personas en la Misión, aunque se carecen de datos precisos, ya que los hablantes de chichimeco no aparecen en los censos, este idioma pertenece al grupo Otomangue, tronco Otopame, familia Pame-Jonáz. Sus casas tienen paredes de adobe y techos de lámina de cartón. Visten de igual manera que los campesinos mestizos de la región, ellos con pantalón y camisa y ellas con vestido, rebozo y delantal de fabricación comercial.

Economía

La agricultura es su actividad primordial: cultivan maíz, chile y frijol, y ocasionalmente trigo en tierras fértiles cuando hay suficiente lluvia. También se dedican a la ganadería en pequeña escala en tierras de agostadero y de pastizales, al trabajo asalariado que realizan como peones agrícolas en localidades vecinas, y elaboran artesanías como cobijas de lana y costales de ixtle para el uso familiar.

Organización Social

La familia nuclear es la base de su sociedad, el matrimonio se realiza entre los miembros de la propia localidad y se dan casos de uniones conyugales con los mestizos, quienes por lo general se adaptan al sistema de vida indígena e inclusive llegan a aprender su idioma. Los niños son educados dentro de las normas del grupo y los ancianos son respetados y consultados. La muerte da lugar a un velorio en el que se elevan oraciones y el entierro al día siguiente.

Religión y Creencias

De sus antiguas creencias, en las que veneraban a los astros y a los fenómenos naturales ya no queda ningún elemento de consideración. Practican la religión católica y dentro del sistema de cargos tradicionales, permanecen vigentes los mayordomos de San Luis Rey y de la Virgen de Guadalupe, que organizan las festividades en su honor.

Fiestas

En consecuencia las únicas fiestas que hacen en la Misión son las de San Luis Rey y la de la Virgen de Guadalupe, con misa, procesiones y fuegos artificiales.

Organización Política

La Misión de Chichimecas es una ranchería del municipio de San Luis de la Paz; para su gobierno se eligen, de común acuerdo con el Ayuntamiento de la cabecera, a un ayudante municipal y a dos auxiliares cada tres años, y el Comisariado Ejidal y el Presidente del Consejo de Vigilancia se encargan de los asuntos de tierras.

Otomíes

Generalidades

Numéricamente hablando el grupo otomí es uno de los mayores que existen en México y se asienta en el noroeste del Estado de México, en la parte central de Hidalgo y en pequeñas zonas de Veracruz, Querétaro, Puebla, Michoacán, Tlaxcala, Guanajuato y Morelos y por la amplia extensión que abarca su territorio, tiene diversas altitudes, climas variados y distintos tipos de vegetación.

El número de hablantes de idioma otomí que se registró en 1980 era de 279,762, y de ellos 98,115 se asentaban en el Estado de México, 115,356 en Hidalgo, 17,995 en Veracruz, 19,436 en Querétaro, 6,415 en Puebla, 593 en Michoacán, 1,302 en Tlaxcala, 20,002 en Guanajuato y 548 en Morelos; su lengua pertenece al grupo Otomangue, tronco Otopame, familia Otomí-Mazahua y tiene variantes dialectales que no impiden la comunicación entre los hablantes de los distintos estados.

Sus casas varían de una región a otra y en su construcción usan los materiales disponibles en las diferentes zonas, las hay con paredes de barro y pencas de maguey y techos de palma; o de adobe y techos de teja, cartón o asbesto, de dos aguas, también las hay con paredes de tablas y techos de tejamanil, o de paredes de varas y techos de paja, a veces tienen anexos como el granero y el *temazcal* o baño de vapor. La indumentaria tradicional únicamente la conservan las mujeres, con variaciones de un sitio a otro, pero por lo regular llevan blusa de manta con bordados, falda o enredo cuyo color varía, *quechquémitl* de lana o algodón de distinto color con decoraciones geométricas o zoomorfas, y también se dan casos de mujeres que utilizan vestido comercial, delantal y rebozo. Los hombres han adoptado la ropa de tipo comercial, aunque en algunos sitios también llevan jorongo de lana o de fibra de ixtle, sombrero y huaraches.

Economía

Su actividad básica es la agricultura de temporal, aunque hay zonas en el Estado de México y en Hidalgo con irrigación y en consecuencia mayores rendimientos, siembran maíz, frijol, calabaza y chile, también jitomate, avena y trigo y, en casi todas las zonas cultivan maguey del que obtienen aguamiel y pulque, así como ixtle con el que tejen diversos artículos y usan sus pencas como material de construcción.

Crían cerdos, cabras y borregos, así como aves de corral; se dedican al comercio en pequeña escala y hacen trabajos artesanales con fibra de maguey, confeccionan faldas y blusas de manta con bordados, jorongos y sarapes de lana, y el *quechquémitl* con diseños decorativos; en algunos lugares hacen objetos de barro, madera o cuero, y en otros sitios, como artesanía de reciente introducción tejen alfombras en telares verticales. Hay hombres y mujeres que hacen emigraciones diarias o temporales a ciudades cercanas para trabajar como asalariados.

Organización Social

La unidad básica de su sociedad es la familia nuclear, aunque también se dan casos de familias extensas; en varios pueblos otomíes se conserva la costumbre de pedir el consentimiento de los padres de la muchacha para el matrimonio mediante visitas en las que se llevan presentes, aunque cada vez con menos frecuencia. Hay lugares en los que el novio permanece cierto tiempo en la casa de sus futuros suegros ayudándoles en las labores agrícolas. A partir de los 6 o 7 años, los niños van aprendiendo los trabajos requeridos para su subsistencia, a través de la observación y el ejemplo de sus mayores.

Al ocurrir un deceso, visten el cuerpo con sus mejores ropas y pintan una cruz con cal o ceniza; en muchas ocasiones dentro del féretro ponen comida, agua y monedas que le servirán en el viaje al más allá y el cortejo fúnebre se dirige al panteón acompañado por una banda de música. Los nueve días siguientes se reza un novenario y al terminarlo, se levanta la cal de la cruz y se lleva a depositar a la sepultura. Creen que las almas de los parientes fallecidos velan por quienes permanecen en la tierra, pero si no les hacen ofrendas, en vez de ayudarlos, los perjudican.

Entre los otomíes de San Pablito, Puebla, esperan que todas las personas observen buena conducta durante la fiesta de los muertos, para no molestarlos, pues si lo hacen pueden recibir como castigo la enfermedad llamada "espíritu de muerto", que debe ser atendida por el curandero, con una ceremonia especial para invocar a diferentes espíritus y una "limpia" con papel amate y otros objetos.

El compadrazgo es una institución importante puesto que mantienen la cohesión del grupo, y se realiza para bautizos, matrimonios y confirmaciones.

Religión y Creencias

Practican la religión católica, pero subsisten creencias asociadas con su antiguo culto mágico-religioso, realizan ceremonias propiciatorias de tipo agrícola para solicitar lluvia y buenas cosechas, creen en la existencia de brujos nahuales, que se transforman en animales para perjudicar a los demás y rinden culto a las ánimas de los difuntos para que intercedan por ellos y no los dañen.

Algunas enfermedades son consideradas de tipo sobrenatural y para su curación se acude al curandero o al brujo, que pueden manejar lo oculto y ayudar en caso de "mal de ojo" producido por personas de mirada fuerte, de "daño" o brujería, "espanto" por una impresión inesperada, o bien de "malos aires" debido al encuentro con seres espirituales negativos. En San Pablito, Puebla, las curaciones de tipo mágico y la brujería presentan la característica del uso de figuras recortadas en papel amate: blanco para curar y obscuro para dañar.

La organización religiosa tradicional, no tiene la importancia que tuvo en el pasado, hay todavía fiscales para atender el templo, rezanderos y cantores que intervienen en rituales agrícolas y defunciones, y mayordomos o cargueros para hacer las festividades de los distintos santos.

Fiestas

Realizan algunas fiestas del santoral católico, la más importante es la del santo patrón de cada pueblo, también celebran la Santa Cruz, la Semana Santa y la Navidad, y en toda la zona festejan anualmente a los difuntos.

Organización Política

Algunas comunidades conservan internamente cargos políticos tradicionales como juez, regidores, topiles y celadores, que están bajo la jurisdicción de las autoridades municipales, por lo que a nivel municipal y estatal se rigen por los lineamientos imperantes en toda la República.

Mazahuas

Generalidades

Los mazahuas están ubicados en el norte, centro y oeste del Estado de México y en varios pueblos de Michoacán que se localizan cerca de los límites entre ambos estados, en una zona alta y fría con lluvias frecuentes. En 1980 había 177,288 hablantes de mazahua en el Estado de México y 3,714 en Michoacán, o sea un total de 181,002. Este idioma se clasifica en el grupo Otomangue, tronco Otopame, familia Otomí-Mazahua y tiene pequeñas diferencias dialectales de un sitio a otro que no imposibilitan la comunicación.

Sus viviendas tienen paredes de adobe y techos de teja, y en menor cantidad paredes de varas y barro y techos de zacate. Los hombres visten camisa y pantalón de fabricación comercial, huaraches y sombrero; mientras que el vestido de las mujeres varía de uno a otro pueblo, por lo general llevan varias faldas amplias con olanes y bordados en la orilla, blusa de manga larga, faja de lana, *quechquémitl* que les cubre el torso y ocasionalmente también rebozo.

Economía

Su actividad económica principal es la agricultura, siembran maíz, frijol, calabaza, maguey, haba, cebada, trigo y algunos frutales, productos que usan para su propio consumo pero que no alcanzan para cubrir sus necesidades, por lo que también venden aguamiel y pulque que extraen de los magueyes; crían cabras, cerdos, ovejas y aves de corral y realizan emigraciones temporales, que muchas veces se tornan definitivas, a ciudades cercanas, donde los hombres trabajan como asalariados y las mujeres comercian de manera ambulante. Algunos elaboran artesanías como tejidos de palma o de lana y la confección del *quechquémitl* que hacen en telares de cintura.

Organización Social

Su sociedad está formada por familias nucleares, aunque también se dan casos de familias extensas. El matrimonio tradicionalmente implica la petición formal a la familia de la muchacha, con varias visitas en las que llevan obsequios hasta que llegan a un acuerdo y se hace la ceremonia civil y la religiosa, pero también hay casos de "rapto" en los que la pareja está de acuerdo, y luego hablan con los padres para pedir perdón y hacer la ceremonia correspondiente.

La muerte se acompaña de un velorio con rezos y comida y bebida para los asistentes; en el lugar donde estuvo el cuerpo queda durante nueve días una cruz hecha con cal o ceniza. El entierro se acompaña con música y a veces en la caja ponen algo de comida, un recipiente con agua y algunas monedas. En los días subsecuentes rezan un novenario y al finalizarlo levantan la cruz de cal y la llevan a la sepultura.

El compadrazgo establece lazos de respeto y ayuda, el más importante es el que se adquiere por el bautizo, aunque también tiene cierta relevancia el del matrimonio.

Religión y Creencias

La religión mazahua presenta un sincretismo entre algunas de sus creencias antiguas y las católicas, hay imágenes y símbolos cristianos que se identifican con seres sobrenaturales y les rinden culto en los oratorios familiares; las cruces o imágenes que allí se veneran, pueden ser buenas o malas con la familia de acuerdo a como se les atienda y de las ceremonias y ofrendas que se les hagan.

Creen en las brujas que se alimentan con la sangre de los niños pequeños. Las enfermedades pueden ser causadas por la brujería, el "espanto", los "aires" y el "mal de ojo", y son curadas con "limpias" que se hacen con velas, huevos o ramas; oraciones, baños de *temazcal* y plantas medicinales.

En la organización religiosa todavía hay fiscales y topiles que cultivan la parcela de la iglesia, y los mayordomos que organizan las fiestas de los santos.

Fiestas

En cada pueblo celebran la fiesta de su santo patrón, y otras como la Semana Santa y la Virgen de Guadalupe, y hacen peregrinaciones al Santuario de Chalma en el Estado de México. En las fiestas además de misas y procesiones, hay música, cohetes y danzas de Pastorcitas.

Organización Política

Los pueblos mazahuas se rigen por los lineamientos municipales de la República, pero también hay autoridades locales como jueces, policías u oficiales que atienden los problemas internos; así como un comisariado ejidal para los asuntos de tierras y el Consejo Supremo Mazahua que representa al grupo ante las autoridades federales.

Matlatzincas

Generalidades

Los matlatzincas habitan en el Estado de México, únicamente en el pueblo San Francisco Oxtotilpan, que pertenece al municipio de Temazcaltepec situado cerca de Toluca, la capital de dicho estado; su territorio ocupa un valle próximo al Nevado de Toluca, atravesando por el río Amanalco, con clima frío y áreas boscosas.

En 1970 había 1,792 hablantes de matlatzinca, idioma que pertenece al grupo Otomangue, tronco Otopame, familia Matlatzinca. Sus casas son de forma rectangular con paredes de adobe y techos de lámina o tejamanil de dos aguas y como anexo tienen el *temazcal* o baño de vapor. La indumentaria tradicional ya no se usa, pues hombres y mujeres visten con prendas de tipo comercial.

Economía

Su actividad primordial es la agricultura, siembran maíz, chile y calabaza, así como avena y trigo para el consumo familiar y papa para la venta, el maguey es relevante para la elaboración del pulque, bebida que consumen y venden. Crían ovejas, cabras, gallinas y guajolotes. Emplean la madera de los bosques para la construcción de sus casas, y muchos hombres hacen emigraciones diarias o temporales para trabajar como asalariados. Elaboran objetos artesanales de ixtle y fajas de algodón para uso personal.

Organización Social

La unidad básica del grupo es la familia extensa constituida por padre, madre, hijos solteros e hijos casados con sus respectivas familias. Para el matrimonio se solicita el consentimiento de los padres de la muchacha y se fija la fecha para las ceremonias civil y religiosa.

En ocasión de la muerte hacen un velorio con comida y bebida para los asistentes, luego el entierro acompañado de música y oraciones, poniendo monedas en la caja y un recipiente con agua y comida; durante los nueve días siguientes rezan un rosario y al término de ese lapso levantan la cruz de cal que se puso en la casa desde el día de la muerte y la llevan a la sepultura.

El compadrazgo se realiza para el bautizo, la confirmación y el matrimonio, estableciendo relaciones de respeto entre compadres y obligaciones de los padrinos para los ahijados.

Religión y Creencias

Practican la religión católica, pero conservan creencias antiguas, como los ritos propiciatorios para que haya lluvia y buenas cosechas, que llevan a cabo en el Nevado de Toluca, montaña considerada como el lugar donde moran los sobrenaturales.

La curación de las enfermedades la realizan los curanderos con base en hierbas medicinales y ofrendas; y la organización religiosa tradicional conserva un fiscal, un sacristán, varios fiscalitos, rezanderos y mayordomos que organizan las fiestas.

Fiestas

Hacen algunas fiestas del santoral católico, con misa, música y danzas de Apaches, Pastoras y Negritos; la más importante es la del santo patrón, San Francisco de Asís, siguiendo la de Santa Teresa y la de la Virgen de Guadalupe.

Organización Política

San Francisco Oxtotilpan pertenece políticamente a la cabecera municipal de Temazcaltepec y se rige por los lineamientos de todo el país; para solucionar sus problemas de tierras hay un comisionado de bienes ejidales. El Consejo Supremo Matlatzinca representa al grupo ante las autoridades federales.

Ocuiltecos

Generalidades

Los ocuiltecos viven en el Estado de México, únicamente en San Juan Atzinco, municipio de Ocuilan, cerca de los límites con Morelos, en un territorio alto y frío, cruzado por el río Atzinco. En el censo de 1980 no aparece este grupo y para 1970 había 393 hablantes de ocuilteco, aunque algunos investigadores consignan alrededor de 7,000. Su idioma pertenece al grupo Otomangue, tronco Otopame, familia Matlatzinca, por lo que se ha dicho que el ocuilteco y el matlatzinca antiguamente constituían la misma lengua, que con el tiempo se fue separando en dos idiomas distintos, pero muy relacionados entre sí.

Sus casas son de forma rectangular, con paredes de madera y techos de tejamanil o láminas de madera, con un patio o solar en donde está el corral y muchas veces el *temazcal* o baño de vapor. El traje tradicional ya se ha perdido, las mujeres usan vestido y rebozo y los hombres camisa y pantalón de fabricación comercial.

Economía

La agricultura es la actividad básica del grupo, obtienen maíz, trigo, frijol, chile y cebada, y también chícharo destinado a la venta, y siembran magueyes para la extracción de aguamiel y la elaboración de pulque. Se dedican al comercio en pequeña escala, a la cría de animales a nivel familiar, a la emigración temporal y a veces definitiva para trabajar como asalariados y elaboran tejidos de palma para uso doméstico.

Organización Social

La unidad más importante es la familia extensa formada por los padres, los hijos solteros y los hijos varones casados con sus respectivas familias. Para el matrimonio solicitan la anuencia de los padres de la muchacha y luego se efectúa por lo civil y lo religioso.

La muerte trae consigo el velorio con oraciones y comida para los acompañantes, el entierro a veces con música, y en los días subsecuentes hacen un novenario y finalizando éste, recogen la cruz de cal que se puso en la casa desde el fallecimiento y la depositan en la sepultura.

El compadrazgo establece lazos de respeto y se lleva a cabo en ocasión del bautizo y del matrimonio.

Religión y Creencias

Practican la religión católica matizada por algunas creencias de origen prehispánico, en su iglesia hay un teponaztle considerado sagrado que se toca en ocasión de las festividades sobresalientes, y que debe ser tratado con respeto y veneración, pues de no ser así, el espíritu que lo habita puede alejarse.

En la organización religiosa tradicional hay "mandones" que usan varas como símbolo de su autoridad, y mayordomos con sus auxiliares para organizar las fiestas de los santos.

Fiestas

La más importante es la de su santo patrono, San Juan, con música y danza de Apaches, aunque también celebran la Semana Santa, la de la Virgen de Guadalupe, la de los difuntos y acostumbran ir a las celebraciones del Santuario de Chalma, que está en su mismo municipio, donde se venera un cristo negro considerado sumamente milagroso.

Organización Política

Siguen los lineamientos que rigen a los distintos municipios de la República, tienen un comisariado de bienes comunales que atiende lo relativo a sus tierras y conforman un Consejo Supremo para representar a su grupo ante el estado y la federación.

Mazatecos

Generalidades

Los mazatecos se localizan en el noroeste de Oaxaca y, debido a la construcción de la presa Miguel Alemán, en 1954, varias familias mazatecas fueron trasladadas al sur de Veracruz, donde en la actualidad ocupan algunas comunidades. En su territorio hay dos regiones geográficas, la parte baja desde el nivel del mar hasta los 1,200 metros en la cuenca del Papaloapan de clima cálido, lluvias frecuentes y atravesada por los ríos Papaloapan, el Tonto, el Usila y el Santo Domingo, y la alta en la Sierra Madre Oriental, con alturas de entre 1,200 y 2,500 metros sobre el nivel del mar, con clima templado y lluvias en verano.

En 1980 se registraron 107,757 hablantes de mazateco en Oaxaca y 5,766 en Veracruz, un total de 113,523; idioma que está clasificado en el grupo Otomangue, tronco Savizaa, familia Mazateco-Popoloca, y tiene cuatro variantes dialectales que imposibilitan la comunicación de un lugar a otro, y tiene la característica de que se puede mantener una comunicación en base a silbidos. Sus casas son rectangulares, con techos de dos o cuatro aguas, que en las tierras altas tienen una pequeña proyección en la orilla, llamada "oreja" para que salga el humo de la cocina, con paredes de adobe, bajareque o madera y techos de tejamanil o zacate; mientras en la zona baja las paredes son de otate o madera y los techos de paja, palma u hojas de plátano y en el patio se encuentra el *temazcal* o baño de vapor.

Los hombres usan pantalón y camisa de fabricación comercial, aunque hay sitios en los que conservan el calzón de manta, camisa del mismo material, ceñidor y en la zona fría cotón de lana negro o azul. Las mujeres llevan enredo de tela comercial, faja y huipil largo y amplio de cuello redondo y manga corta en forma de olán, adornado con dos listones verticales del cuello hasta abajo, un falso olán en el borde, seguido de otro más, y bordado con motivos que varían según el pueblo de origen.

Economía

Su actividad económica básica es la agricultura: tanto

Mujer mazateca de Jalapa de Díaz, Oaxaca

en la zona alta como en la baja siembran maíz, chile, frijol y calabaza para propio consumo y, entre los productos de tipo comercial en la alta se siembra café y en la baja caña de azúcar con la que se hace aguardiente y panela; arroz, ajonjolí, cacao, tabaco y achiote. Asimismo en la zona alta hacen muebles, tablas y vigas con la madera de los bosques y en ambas hay quienes se dedican a trabajar como asalariados. Las mujeres tejen los hermosos huipiles que visten; en algunos sitios hacen objetos de cestería y en otros productos utilitarios de cerámica.

Organización Social

Hay familias nucleares y extensas; para el matrimonio en los pueblos más conservadores se envía a un emisario para que haga los trámites con la familia de la novia, acompañando su petición con obsequios y, en la última visita, fijan la fecha de la boda. Pero en otros sitios esta costumbre tiende a desaparecer y son los propios jóvenes quienes arreglan el asunto.

Entre los mazatecos hay una marcada estratificación social de acuerdo con su posición económica, primordialmente en la zona baja; la clase predominante es la de los principales, denominados *chutan nyna* que son los comerciantes y los grandes y medianos propietarios; luego "los que tienen algo" o *chutan yuna* o sea los pequeños comerciantes y los pequeños propietarios y, por último, la gente pobre, llamados *chuta chun'da*.

Cuando una persona muere, las campanas de la iglesia doblan para avisar del deceso, el cadáver es bañado y le ponen ropas limpias o nuevas, en el velorio ofrecen a los asistentes comida, bebida y cigarros. Hay lugares en los que se acostumbra poner en la sepultura implementos de trabajo, un recipiente con agua, un peine y ajonjolí o una semilla llamada *alegría*, que el alma necesitará en su viaje. En el lugar en donde estuvo el cuerpo en la casa, queda una cruz de cenizas durante los nueve días en que se reza la novena, terminada ésta el padrino de "levantada de cruz" ora, levanta la ceniza y la lleva a la tumba. Se cree que el alma permanece cerca de su casa unos días para despedirse, y luego empieza su viaje en el que tendrá que atravesar un río con la ayuda de un perro.

El compadrazgo se hace en ocasión de bautizos, bodas y defunciones y estas relaciones fortalecen los lazos de unión entre los miembros de la comunidad.

Religión y Creencias

Los mazatecos son católicos pero conservan parte de sus creencias antiguas, que dan lugar a la presencia de elementos característicos del grupo; los espíritus o dueños de las cosas de la naturaleza son honrados con ceremonias y ofrendas en los cerros y cuevas y realizan rituales agrícolas para propiciar la fertilidad de la tierra.

En caso de enfermedad solicitan los servicios de brujos y curanderos para aliviar el "mal de ojo", la "pérdida del alma" o el "mal aire", entre los métodos utilizados están las "limpias" con hierbas, huevos o gallinas, el uso de tabaco que se frota mezclado con alcohol y la "succión" para extraer objetos del cuerpo. Los especialistas más renombrados son los "médicos sabios" quienes usan hongos alucinógenos para comunicarse con los seres sobrenaturales y conocer la causa y el consiguiente tratamiento, se dice que una vez en estado de trance no son ellos quienes hablan, sino los mismos hongos dotados de una personalidad propia.

En todos los pueblos hay cantores y rezanderos que

intervienen en los rituales de la muerte y el matrimonio, y mayordomos para organizar las fiestas de los santos.

Fiestas

Debido a los fuertes gastos de las fiestas patronales, las mayordomías han disminuido, tomando su lugar las asociaciones religiosas, a veces encabezadas por el sacerdote. Otras fiestas de la región son la del Tercer Viernes de Cuaresma que se hace en Huautla de Jiménez, las de Semana Santa, San José, la Virgen de la Asunción y San Miguel Arcángel, con bailes, mercado o feria y fuegos artificiales, así como rituales en los que los especialistas nativos oran a los santos para que favorezcan a la comunidad.

Organización Política

Sus pueblos siguen los lineamientos municipales que rigen todos los estados de la República, aunque en algunos lugares también tiene relevancia el consejo de ancianos, que en ocasiones selecciona, de común acuerdo con las autoridades municipales, a quienes deberán cumplir con ciertos cargos y, los mayordomos de los santos tienen voz en los problemas de tipo civil. Por lo regular todos los hombres deben cumplir con el *tequio* o trabajo comunal, para realizar obras en beneficio del pueblo.

Popolocas

Generalidades

El grupo popoloca está ubicado en el sur de Puebla y en algunos pueblos de Oaxaca que colindan con el estado citado, y está distribuido en tres áreas geográficas, una en la zona alta del Valle de Tehuacán con alturas aproximadas de 2,000 metros sobre el nivel del mar, bosques escasos, poca tierra para cultivos y clima templado en verano y frío en invierno; otra en una parte de la mixteca oaxaqueña en una área semidesértica y montañosa de clima extremoso y, finalmente, una tercera que corresponde a la Mixteca Alta con pocas tierras para la siembra, vegetación desértica y clima igualmente extremoso.

Los hablantes de popoloca no aparecen en el Censo de 1980, y en 1970 había en Puebla 6,797 mientras que de Oaxaca se carece de datos. Este idioma pertenece al grupo Otomangue, tronco Savizaa, familia Mazateco-Popoloca y tiene tres variantes dialectales, correspondientes a las tres zonas geográficas citadas lo que imposibilita la comunicación entre ellos. Construyen sus casas con los materiales propios de cada región, dentro de un solar o patio cercado con bardas de tepetate, las paredes son de troncos de guaje o quiote y los techos de palma o de pencas de maguey con una proyección en la orilla que se llama "oreja popoloca", que tiene un hoyo para la ventilación.

La mayor parte de la población utiliza hoy en día prendas de fabricación comercial y sólo algunas personas ancianas usan las tradicionales, los hombres calzón de manta, faja, camisa de algodón con bordados rojos, sombrero de palma y huaraches; las mujeres falda larga, faja, blusa de manga corta con bordados y rebozo.

Economía

A pesar de la mala calidad de sus tierras la base de la economía popoloca es la agricultura, siembran maíz y en menor cantidad aguacate, frijol, trigo y algunos frutales, pero las cosechas son insuficientes por lo que se ven obligados a comprar varios productos. Poseen cerdos, cabras y aves de corral, y hacen emigraciones temporales para trabajar como asalariados. Elaboran artesanías como tejidos en palma en la zona de Tepeji, camisas bordadas en San Gabriel Chilac y objetos de barro en Oteapan y los Reyes Metzontla.

Organización Social

La unidad social básica es la familia nuclear, aunque también hay familias extensas. Para el matrimonio solicitan los servicios de un casamentero o bien los padres mismos visitan en varias ocasiones a la familia de la muchacha, llevando regalos que se consideran como una especie de pago por la novia. Un día antes de la boda tiene lugar la "peinadura", ritual en el que la madrina arregla el cabello de la novia y después de la boda religiosa se hace una fiesta.

En ocasión de la muerte hay un velorio con música, a los asistentes se les ofrece bebida y cigarros y, en el suelo, frente al altar familiar, se coloca una cruz de ceniza. Después del entierro se sirve una comida y los nueve días subsecuentes se reza una novena, y el último día el compadre de "levantada de cruz" recoge las cenizas y las lleva a depositar a la tumba.

El compadrazgo fortalece las relaciones sociales que se establecen entre compadres y el de mayor importancia es el de bautizo.

Religión y Creencias

Practican la religión católica y ya no hay evidencias de sus antiguas creencias, sin embargo se siguen haciendo rituales para tener buenas cosechas, dirigidos por los

especialistas en el manejo de lo sobrenatural. Creen que el ser humano está integrado por el cuerpo físico, el corazón donde reside el alma que al morir el individuo puede ir al purgatorio, al infierno o al cielo y el "sentimiento" que desaparece en el aire cuando se muere.

La creencia en la brujería está fuertemente arraigada en su vida y a ella se atribuyen toda clase de desgracias y enfermedades, hay dos tipos de especialistas a los que recurren para recuperar la salud: el brujo que da tratamientos con rituales, oraciones y ofrendas para alejar a las fuerzas del mal y el curandero quien hace uso de diferentes plantas medicinales. Entre los padecimientos más comunes están el "espanto", la "pérdida del alma" y el "mal aire".

Hay mayordomos para los santos patronos de los pueblos, los barrios y las bandas de música que organizan sus fiestas, así como fiscales que limpian la iglesia y tocan las campanas, y el sacristán que cuida el templo.

Fiestas

A lo largo del año celebran las fiestas de los santos patronos de los pueblos, de los barrios y de las bandas musicales, y también el Carnaval, la Semana Santa, el Día de Muertos, las Posadas y la Navidad. En casi todas ellas hay música, cohetes, bailes y corridas de toros.

Organización Política

Sigue los lineamientos que rigen a todo el país; en algunos pueblos, además de las autoridades municipales, hay una junta auxiliar integrada por hombres que han desempeñado diversos cargos, que se encarga de resolver los problemas internos y de representar al pueblo ante las autoridades municipales.

Ixcatecos

Generalidades

El grupo ixcateco reside en Santa María Ixcatlán, población del municipio de igual nombre, localizado en el norte de Oaxaca, su pueblo se asienta en el Valle de Ixcatlán, enclavado en las montañas de la Mixteca Alta, con clima seco, alturas entre 400 y 500 metros sobre el nivel del mar y poca lluvia durante el año. El Censo de 1980 no consigna los hablantes de ixcateco y, según el de 1970 en Santa María Ixcatlán había 807 habitantes, de los cuales 250 hablaban idioma ixcateco, que pertenece al grupo Otomangue, tronco Savizaa, familia Mazateco-Popoloca y se habla exclusivamente en el citado pueblo.

Sus casas son de forma rectangular, con paredes de quiote, de tepetate o de una combinación de ambos materiales y techos de palma o teja, y algunas de ladrillo y techos de lámina de asbesto, como anexos se encuentran la cocina, el *temazcal* o baño de vapor y una especie de "cueva" que se usa para el tejido de la palma. Las mujeres usan vestido, delantal y zapatos de plástico o cuero; los hombres visten con camisa, pantalón y huaraches, en ambos casos de manufactura comercial.

Economía

Su actividad económica básica es el tejido de objetos de palma, a la que se dedican desde finales del siglo XVIII, pues en la región abunda la materia prima. Elaboran principalmente sombreros, para ello recolectan las hojas, las secan al sol y las guardan en las "cuevas" construidas para mantener la humedad requerida para su tejido. Los sombreros son de dos tipos: los grandes a

los que se denomina *ixcatecos* y los chicos llamados *pachones* o *palmillas;* la producción se vende tanto al Fideicomiso de la Palma como a los comerciantes que llegan al lugar; hacen también canastas y mecates que venden en los mercados cercanos.

La agricultura es secundaria y sólo se dedican a ella en parte del año, pues sus cultivos son de temporal, siembran maíz, trigo, cebada, frijol, calabaza y ocasionalmente haba, cada familia cuenta con dos o tres animales de tiro para las labores agrícolas, cabras, cerdos y aves de corral.

Organización Social

La unidad de su sociedad es la familia nuclear; para el matrimonio se piden los servicios de un *parangonero* o representante, que hace varias visitas a los padres de la muchacha llevando algunos regalos y después se fija la fecha de la boda. Un día antes de ésta, los regalos se llevan a la casa del padrino, adonde se sirve champurrado (atole preparado con chocolate) y pan y, se realiza la "peinadura" cuando la madrina peina a la novia.

El día del matrimonio en la iglesia se llama "día de la procesión"; después del casamiento los novios, la concurrencia y una banda de música, van primero a la casa de la muchacha donde se dan consejos a los recién casados, luego van a casa del novio donde les dan nuevos consejos, se sirve comida y mezcal y hay baile. Al día siguiente se hace "la entrega", se acompaña a la novia a su casa para que se despida y luego van a la casa de él, donde los padrinos entregan a la nueva pareja.

En ocasión de la muerte el cadáver se coloca en el suelo con una piedra bajo su cabeza, luego se le viste con sus mejores ropas y se le ponen unas sandalias hechas con palma bendita para que no se lastime los pies en su viaje hacia el cielo. En el velorio a veces hay música; antes del entierro se lleva al difunto a la iglesia donde se reza un rosario, esa noche comienza el novenario y, al terminarlo, se "levanta la cruz", que es cuando se lleva a la tumba un cántaro con flores y la piedra que sostuvo la cabeza del difunto.

Religión y Creencias

Los ixcatecos practican la religión católica, matizada con elementos característicos de su antigua religión; el dios de la lluvia reside en la cañada de Palma Blanca, adonde hasta hace poco llevaban ofrendas para que enviara suficiente lluvia. Hay sobrenaturales que son los dueños de la naturaleza, como los cerros, las cuevas y los lagos, y los curanderos alivian los "malos aires" y el "espanto" mediante "limpias" que efectúan con alcohol, huevos, hierbas y velas. Entre los cargos religiosos se mantienen los fiscales, los sacristanes y los mayordomos que organizan las festividades de los santos.

Fiestas

Hacen algunas fiestas del santoral católico, destacándose la patronal el 8 de septiembre, cuando se celebra la Natividad de María y se baila la danza de Los Santiagueros, el Carnaval en el que jóvenes enmascarados interpretan la danza de Los Huehuetones y, la fiesta más grande del lugar tiene verificativo el Cuarto Viernes de Cuaresma, con un mercado de mucha relevancia; para la Semana Santa se realizan varias procesiones con imágenes, música y rezos y en ocasión del Día de Muertos se ponen ofrendas y se arreglan las sepulturas.

Organización Política

Sigue los lineamientos del sistema municipal que rige a los estados del país, y los hombres que han cumplido con los distintos cargos integran el consejo de ancianos, cuyos miembros son respetados y consultados.

Chochos

Generalidades

El grupo chocho habita en el norte de Oaxaca, en la zona denominada Mixteca Alta, región que es atravesada por cadenas montañosas, con pocos ríos, clima extremoso y lluvias aisladas pero torrenciales. Según el Censo de Población de 1980 había 1,912 hablantes de idioma chocho, que pertenece al grupo Otomangue, tronco Savizaa, familia Mazateco-Popoloca. Sus casas tienen paredes de quiote (o tallo de maguey), techos de dos o cuatro aguas hechos con pencas de maguey o palma, en los que a veces se encuentra la abertura denominada "oreja popoloca" que proporciona ventilación a la vivienda, como anexos están la cocina, el *temazcal* o baño de vapor, la troje para almacenar granos y una especie de "cueva" con techo cóncavo, donde tejen la palma.

El vestido tradicional de la mujer consta de falda blanca con tiras verticales de color azul, blusa de manta y una especie de chal triangular, aunque hoy en día muchas de ellas llevan vestidos de manufactura comercial; los hombres visten con pantalón y camisa del mismo tipo de fabricación, huaraches y sombrero de palma.

Economía

Su actividad primordial es el tejido de la palma con la que hacen sombreros, que son adquiridos por intermediarios que los venden en distintos mercados; los sombreros se elaboran en las "cuevas" que se excavan en los patios, las que conservan la temperatura necesaria para el buen tejido de la fibra. La agricultura es secundaria, siembran maíz, calabaza y frijol, así como jitomate, chile, nopal, cebolla y algunos frutales, productos que resultan insuficientes para su consumo, por lo que se ven obligados a comprar productos agrícolas extras.

Poseen ovejas y cabras, y los hombres llevan a cabo emigraciones temporales para trabajar como asalariados. En Ocotlán, Suchistlahuaca, Tulancingo y Teotongo tejen chales de lana blanca, llamados *lanillas*.

Organización Social

Hay familias nucleares y extensas; para el matrimonio se contrata a un intermediario, quien recibe el nombre de *tonishano*, que hace varias visitas a los padres de la muchacha llevando regalos y cuando se llega a un acuerdo se fija la fecha de la ceremonia, un día antes de ésta se hace la "peinadura" o sea que la madrina arregla el cabello de la novia y después de la boda por la iglesia se hace una fiesta.

Cuando una persona muere se le viste con sus mejores ropas, se pone una piedra bajo su cabeza y se forma una cruz con cal al pie del altar familiar, la primera noche lo velan sus parientes cercanos y, la segunda, el velorio es acompañado por música, bebidas y cigarros para los asistentes, al día siguiente se lleva al difunto a la iglesia donde se reza por él y luego se entierra junto con algunas de sus pertenencias; los nueve días siguientes se reza una novena y, el último día, el compadre de "levantada de cruz" recoge la cal de la cruz y la lleva a la tumba.

El compadrazgo es una institución relevante, sobre todo en ocasión del bautizo y el matrimonio y generalmente se pide al *tonishano* que hable con las personas para solicitar su consentimiento y establecer este vínculo espiritual.

Religión y Creencias

Mantienen algunas de sus creencias y rituales antiguos aunque practican el catolicismo, pues veneran a seres sobrenaturales como los señores o "dueños" de cerros y manantiales, la madre de la tierra, los dioses de la lluvia y el viento, y la deidad asociada con la Luna. Las enfermedades son atribuidas frecuentemente a causas sobrenaturales, como el susto, la "pérdida del alma" y la brujería. Los curanderos y brujos alivian estos males con hierbas medicinales, baños de *temazcal*, "limpias" con huevo o imágenes sagradas, "levantadas de pulso", y en caso de "pérdida del alma" se realiza un ritual para solicitar al "dueño del lugar" donde la persona se asustó que la regrese.

En algunos pueblos hay fiscales y sacristanes, pero lo más relevante en la región son las mayordomías, que se encargan de las fiestas de los santos tutelares, y las cofradías, integradas por personas con distintas funciones para atender a una imagen, aunque hoy en día las mayordomías y las cofradías son dirigidas por las autoridades civiles, pues es necesario solicitar la cooperación económica de todos debido a los fuertes gastos que implican.

Fiestas

Cada pueblo celebra la fiesta de su santo patrono, con música, comida, bebida, fuegos artificiales y, en ocasiones, se hacen encuentros de "pelota mixteca" entre dos equipos que juegan con una pelota de hule, que golpean con la mano protegida con un guante de cuero y remaches de fierro. También hacen otras fiestas del santoral católico, como la de los Santos Reyes, la Preciosa Sangre, la del Día de Muertos, la Virgen de Guadalupe y la Navidad.

Organización Política

Actualmente siguen los lineamientos del sistema municipal, dado que los chochos conforman un grupo relativamente pequeño hay municipios en los que conviven con mixtecos y mestizos, y en muchas ocasiones son estos últimos los que tienen los puestos más importantes. Pero en los pueblos habitados sólo por chochos son ellos quienes cumplen con cargos políticos, además de las labores inherentes a sus puestos participan en la organización de festividades, coordinan el trabajo comunal o *tequio,* y es frecuente que consulten a los ancianos, denominados principales.

Mixtecos

Generalidades

El grupo mixteco vive en el norte y oeste de Oaxaca, así como en las regiones colindantes con ellas de los estados de Guerrero y Puebla, la zona en que habitan recibe el nombre de La Mixteca, que se subdivide en la

Alta, la Baja y la de la Costa. La Mixteca Alta es atravesada por el Nudo Mixteco que forma parte de la Sierra de Oaxaca y de la Sierra Madre del Sur, es un lugar con grandes elevaciones, barrancas profundas, cañadas, valles, ríos, suelos erosionados y clima extremoso. La Mixteca Baja tiene alturas que varían entre los 1,700 y los 1,000 metros sobre el nivel del mar, suelos semidesérticos, ríos y clima cálido y semicálido y, la Mixteca de la Costa que se encuentra en la zona cercana al Océano Pacífico, es de poca altura y clima caliente.

Según el Censo de 1980 en Oaxaca había 206,411 hablantes de mixteco, en Guerrero habitaban 64,445 y en Puebla 10,766, que dan un total de 281,622. Este idioma pertenece al grupo Otomangue, tronco Savizaa, familia Mixteca y es una lengua semitonal en la que una misma palabra tiene distintos significados según como se pronuncie, cuenta con variantes dialectales que imposibilitan la comunicación entre los distintos pueblos.

En la Mixteca Alta las casas son de planta rectangular, hechas de adobe o madera y techos de teja o palma, en la Mixteca Baja tienen paredes de piedra, madera o tabique y techos de cuatro aguas de pencas de maguey, palma o teja, y en la Costa son de planta redonda, aunque también las hay rectangulares, con paredes de madera o carrizo y techos de palma. En las tres zonas hay anexos como trojes o *cuezcomates* para almacenar granos y baños de vapor o *temazcales* de forma rectangular.

El vestido tradicional todavía se utiliza, sobre todo en las festividades; las mujeres de la Alta visten con falda o enredo rojo y huipil blanco con bordados o listones verticales, mientras que los hombres usan pantalón y camisa de fabricación comercial. En la Baja las mujeres visten con huipiles blancos a veces con bordados o listones cosidos verticalmente y un enredo de color negro, los hombres llevan ropa de fabricación comercial y un cotón negro de lana en tiempo de frío, y en la Costa las mujeres llevan un enredo azul y el torso desnudo, aunque desde hace tiempo muchas han agregado un delantal comercial a manera de blusa, y los hombres visten camisa y pantalón de manta blanca o de tipo comercial.

Economía

La actividad económica primordial de las tres zonas es la agricultura: siembran maíz, frijol, calabaza, chile y jitomate; en la Costa también cultivan árboles frutales, cacao, caña de azúcar y algodón; en épocas recientes se ha introducido el trigo en la parte Alta y allí es importante el cultivo del maguey.

En la Mixteca Alta hacen tejidos de palma, artículos de ixtle, de cuero, de barro y tejidos de algodón y lana en telares de cintura; en la Baja también hacen tejidos de palma, y en la Costa elaboran objetos de barro, textiles en telares de cintura y hacen panela en prensas de madera que mueven con tracción animal.

Organización Social

En las tres zonas hay familias nucleares, aunque se dan casos de familias extensas. La forma de realizar el matrimonio varía de un sitio a otro: en la parte Alta y en la Costa la unión puede ser arreglada por los padres desde que los futuros contrayentes son niños, aunque es mucho más frecuente, en las tres zonas, que sea un intermediario quien haga los trámites.

Los rituales de la muerte tienen ciertas diferencias de un sitio a otro, aunque por lo regular hay un velorio acompañado con música, danza y comida para los asistentes, en el entierro generalmente no participa la familia

Mixtecos de la costa de Pinotepa de Don Luis, Oaxaca

directa, sino que son los compadres y las autoridades religiosas quienes se encargan de él, y a veces se acostumbra poner en la sepultura algunas pertenencias, instrumentos de trabajo y comida.

El compadrazgo es una institución relevante en las tres zonas, pues a través de él se entablan lazos de unión y ayuda, y los más importantes son los que se crean mediante el bautizo y el matrimonio.

Religión y Creencias

Practican la religión católica, fuertemente matizada por sus antiguas creencias, con una concepción animista del mundo; creen en seres espirituales que dominan a la naturaleza y que influyen en la vida de los humanos. En la Mixteca Alta se hacen ofrendas y ceremonias para los espíritus de la tierra y en especial para el dueño de la montaña, de los animales y del agua, llamado *Tabayuku;* en la zona Alta y en la Costa hacen ceremoniales para los espíritus de la lluvia, con ofrendas que incluyen sacrificio de aves, copal, ceras, flores y plegarias.

En las tres zonas se cree en la existencia del animal compañero de cada persona, llamado *tona* o *tono* que tiene un destino paralelo al ser humano y es considerado como su alma animal. Se piensa que la brujería es la principal causa de las enfermedades, aunque también se responsabiliza de ciertos malestares al desequilibrio de los alimentos y las substancias concebidas como "frías" o "calientes", al "susto" que provoca la pérdida del alma, al "aire" por enfrentamientos nocturnos con seres espirituales, o al "mal de ojo" que afecta principalmente a los niños. La curación es competencia de los brujos y curanderos que hacen ceremonias en casa del enfermo, en las cuevas o en los manantiales con diversas ofrendas, realizan "limpias" con hierbas, "soplos" de alcohol en el cuerpo y recomiendan baños de *temazcal.* Hay especialistas que toman hongos alucinógenos para conocer la causa del mal y dar el tratamiento idóneo.

En la organización religiosa tradicional son especialmente importantes las cofradías y las mayordomías que se encargan del cuidado de las imágenes de los santos y de llevar a cabo las fiestas correspondientes.

Fiestas

Las festividades más importantes son las de los santos patronos de cada comunidad, aunque también hay otras como el Carnaval, la Semana Santa, la Santa Cruz, la Virgen de los Dolores, el Día de Muertos, la Virgen de Guadalupe y la Navidad, en las que hay danzas, música y se queman cohetes y castillos.

Organización Política

La organización política tradicional ha perdido mucha importancia, actualmente todos los pueblos se rigen por el sistema municipal; hay sitios en que los cargos siguen siendo ocupados de los de menor a mayor importancia, y los ancianos que han cumplido con ellos, y con los religiosos, a quienes se denomina principales son consultados para solucionar problemas. Las autoridades municipales organizan el *tequio,* servicio o "faena", que todos los hombres deben hacer en forma gratuita en beneficio de sus pueblos.

Cuicatecos

Generalidades

Los cuicatecos se localizan en el noroeste de Oaxaca, en una región situada en parte de la Sierra Madre Oriental que allí forma las Sierras de Pápalo y Teutitla, con grandes alturas, valles, cañadas, barrancas y algunos ríos, en las zonas más altas el clima es frío y húmedo y en las bajas es templado. En 1980 había 13,338 hablantes de cuicateco, idioma clasificado en el grupo Otomangue, tronco Savizaa, familia Mixteca y tiene pequeñas variantes dialectales que no afectan la comprensión entre las personas de distintos pueblos.

En las cabeceras municipales las casas son de adobe con techos de teja o lámina de zinc, y en las rancherías tienen paredes de palos recubiertos con barro en las partes frías y con hierbas y zacate en las calientes para permitir la ventilación, tienen techos de dos aguas de zacate, teja, tejamanil u hojas de caña. El vestido tradicional se usa poco, el de los hombres consiste de pantalón de manta largo anudado en los tobillos, camisa, sombrero y huaraches, así como cotón en las zonas frías. Las mujeres usan huipil de manta blanca con bordados en el cuello y las mangas, faldas anchas de telas estampadas y rebozo, pero ambos sexos tienden a usar, cada vez más, prendas de tipo comercial.

Economía

La actividad económica básica es la agricultura: cultivan maíz, chile, frijol, papa y calabaza, en la sierra trigo y café, y en la parte baja caña de azúcar, algodón y tabaco, pero la producción agrícola es insuficiente para sus necesidades y muchas veces deben comprar algunos productos en los mercados. Las familias poseen algunas cabezas de ganado mayor, cerdos, borregos y aves de corral. Entre sus productos artesanales están los textiles, especialmente los huipiles bordados, los gabanes y las cobijas de lana, los objetos utilitarios de barro y los tejidos de fibras vegetales. Algunos hombres emigran de manera temporal a otros lugares del estado, a Puebla o al Distrito Federal para trabajar como asalariados.

Organización Social

La unidad básica es la familia nuclear; para el matrimonio piden los servicios de un intermediario, llamado *huehuetlataco*, que visita a la familia de la novia para hacer la petición, llevándoles algunos regalos, luego se fija la fecha de la ceremonia y después de ella se hace una fiesta.

En ocasión de la muerte se hace un velorio, las ofrendas mortuorias varían de un pueblo a otro, los difuntos son enterrados con toda su ropa e instrumentos de trabajo, o sólo con algunas semillas de cacao, se reza la novena en los nueve días subsecuentes y en muchos lugares se acostumbra que los "compadres de cruz" levanten la cruz de arena y flores, que se colocó desde el día del velorio, cuando terminan los rezos del novenario y la lleven a la sepultura. Se cree que el espíritu de los muertos va al cielo, mientras que sus diferentes almas permanecen en la tierra un cierto tiempo, para volver a recorrer los caminos que la persona transitó en vida y luego desaparecen por completo.

Religión y Creencias

Son católicos pero conservan muchas de sus creencias antiguas, continúan venerando al "Señor del Cerro", llamado *Sá iko* que reside cerca de Tlalixtac, en Cerro Cheve, lugar considerado como mítico, honran a los espíritus de las fuerzas de la naturaleza y a los "dueños" de los animales. Las ceremonias para ellos las dirigen los especialistas, brujos o curanderos, cuyo poder puede ser innato o adquirido a través del aprendizaje, la mayor parte de los ceremoniales incluyen sacrificios de aves, ofrendas de copal, bebida, cacao y velas y se realizan en cuevas, manantiales y campos de cultivo. Asimismo creen en los *chaneques* y duendes que habitan en cuevas, a los que debe agradarse mediante pequeñas ofrendas para que no causen problemas, ni capturen el alma de las personas.

Las causas de la enfermedad varían un poco de un pueblo a otro, y pueden ser la "pérdida del alma", la acción de los "malos aires", la intrusión de objetos extraños en el cuerpo o la brujería. En el diagnóstico se utilizan varios métodos, como tomar el pulso del paciente, la adivinación que se hace aventando granos de maíz, el uso de alucinógenos como la semilla de la Virgen, el quiebraplato y el *piule*. Entre los tratamientos están la "succión" para sacar objetos que dañan al cuerpo, las ceremonias para capturar el alma perdida invocando al Dueño del Cerro, al dios de la tierra o a los espíritus del agua, así como el uso de hierbas medicinales y el tabaco silvestre llamado *piciete* que se unta mezclado con alcohol.

En la organización religiosa tradicional sólo se conservan los cargos de mayordomos que organizan las fiestas de los santos, haciendo colectas monetarias entre los miembros de su comunidad.

Fiestas

Celebran algunas fiestas del calendario católico, las más relevantes son las de los santos patrones de cada lugar, con juegos pirotécnicos, bailes, mercados y música. Así como el Carnaval y la Semana Santa, la Santa Cruz y el Día de Muertos. El Carnaval es particularmente festivo, hay danzas de Huehuetones, en las que participan hombres enmascarados disfrazados de mujeres.

Organización Política

Sigue los lineamientos de los municipios de todo el país, en los pueblos más conservadores los cargos se van cumpliendo de manera escalafonaria, y los ancianos, que forman una especie de consejo, son consultados cuando surgen problemas.

Triques

Generalidades

El grupo trique se localiza en el oeste de Oaxaca, en un territorio accidentado en la Sierra de Chicahuaxtla, en tres zonas geográficas: la fría de 2,000 a 3,000 metros, la templada de 1,500 a 2,000 y la caliente de 800 a 1,500 metros sobre el nivel del mar; la primera es de suelos arenosos y neblinas constantes, la segunda tiene suelos de mejor calidad y bosques, y la tercera cuenta con los mejores suelos de la región, pastizales y ríos. Los triques viven en cinco pueblos, San Juan Copala, San José Chicahuaxtla, San Andrés Chicahuaxtla, Santo Domingo Chicahuaxtla y San Martín Itunyoso, con sus correspondientes rancherías.

En 1980 había 7,974 hablantes de trique en esta región, idioma clasificado en el grupo Otomangue, tronco Savizaa, familia Mixteca, que tiene tres variantes dialectales, la de Copala, la de los Chicahuaxtlas y la de Itunyoso, que dificultan la comprensión entre los miembros de los tres lugares. Sus casas tienen paredes de varas, piedras y lodo, techos de dos aguas de tejamanil, zacate o paja, la forma de los techos deja un espacio libre en la parte superior que es utilizado a manera de granero.

El vestido tradicional lo llevan mujeres y hombres, éstos usan calzón de manta, camisa con bordados en los puños y el cuello, faja, sombrero y huaraches; las mujeres visten enredo negro si son casadas y azul marino en el caso de las solteras, faja y huipil blanco con rayas anchas horizontales de color sobre las que bordan figuras con estambre de diferente color.

Economía

La agricultura es su actividad económica básica, siembran maíz, calabaza, frijol, chile y chilacayote, en la parte baja cultivan también algunos frutales y en Copala tiene cierta relevancia el café que destinan a la venta, aunque en general los productos son insuficientes aún para el propio consumo. Rentan sus terrenos de pastizales a los mestizos, quienes pagan cierta cantidad de dinero a los triques para que les cuiden su ganado. Las familias poseen dos o tres cabezas de ganado mayor para sus labores agrícolas, cabras, ovejas, burros y aves de corral.

Los hombres emigran temporalmente para trabajar como asalariados y entre sus artesanías destaca el tejido de huipiles que realizan las mujeres del grupo, generalmente para uso personal, aunque destinan algunos para la venta y en épocas recientes, inclusive, hay mujeres que emigran durante un tiempo a la ciudad de Oaxaca o a la de México, llevando sus instrumentos de tejido para hacer huipiles de menor calidad y venderlos.

Indígenas triques. San Andrés Chicahuaxtla, Oaxaca

Organización Social

La familia nuclear es la unidad más frecuente de su sociedad, aunque también se dan casos de familias extensas. El padre del joven es quien hace los trámites correspondientes para el matrimonio con el padre de la muchacha, haciéndole tres visitas en las que se ponen de acuerdo sobre la "dote", que ha venido a substituir al trabajo que antes hacía el muchacho para sus suegros, luego se realiza la ceremonia y después una fiesta.

Cuando alguien muere se hace un velorio con rezos y el entierro; generalmente también se colocan en la sepultura tortillas, un recipiente con agua, algunas monedas, frijoles y aguja e hilo, que serán de utilidad al alma en el largo viaje que emprenderá a través de diferentes mundos, en los que irá encontrando a los animales que cazó y tendrá que alimentarlos, luego pasará cierto número de días en el purgatorio y finalmente llegará a la "tierra de Dios" o el pueblo del inframundo. Quienes mueren violentamente, por asesinato o por accidente, no llegan nunca a ese pueblo, sino que se convierten en espíritus errantes.

El compadrazgo se realiza en ocasión del bautizo, la confirmación, el matrimonio, la enfermedad o sea el llamado de "bendición" y estas uniones rituales condicionan lazos muy importantes entre quienes los contraen, puesto que llegan a considerarse verdaderos parientes.

Religión y Creencias

Aunque practican la religión católica conservan buena parte de sus creencias antiguas, rinden culto a deidades como el Sol y la Luna; veneran y hacen ofrendas a la lluvia, al rayo, a la tierra, al viento, al fuego, a las estrellas y a la deidad del baño de *temazcal* que es especialmente importante en la curación de enfermedades. Muchas ceremonias, individuales y colectivas, se hacen en las cuevas, cuando se quiere pedir a los sobrenaturales bienestar, buenas cosechas o la solución de problemas.

Se cree que cada persona tiene su *tona,* que en esta zona se denomina *nagual,* y si es herida o lastimada, la persona con cuyo destino está ligada, sufrirá las mismas heridas, pues se trata de su alma animal compañera. También se puede enfermar por la "pérdida del alma", el "espanto" y el "mal de ojo", así como por efectos de la brujería. Hay curanderos que alivian los males con hierbas medicinales, la "succión" para extraer objetos del cuerpo, dando masajes, acomodando huesos o usando el *temazcal* que es un medio terapéutico bastante frecuente.

La organización religiosa tradicional en base a cargos sigue vigente, aunque varían de un pueblo a otro; en general hay un fiscal mayor, dos o tres menores y un fiscal semanario, aunque también se nombran mayordomos con sus ayudantes para que organicen las fiestas de los santos.

Fiestas

Entre sus festividades están la del Tercer Viernes de Cuaresma que es cuando se realiza la feria de Copala con juegos pirotécnicos, danzas y venta de productos. En cada pueblo se celebra la dedicada a su santo patrono, y otras como el Carnaval, la Semana Santa, la Santa Cruz, el Día de Muertos y la de la Virgen de Guadalupe.

Organización Política

Cada uno de los pueblos triques tiene un principal que representa la autoridad de tipo tradicional, que soluciona las dificultades entre los habitantes del lugar y representa a su pueblo ante las autoridades municipales.

Amuzgos

Generalidades

Los amuzgos se asientan en el sureste de Guerrero y en el oeste de Oaxaca, en un territorio de poca altura, que en el segundo estado es atravesado por la Sierra de Yucuyagua lo que da lugar a la presencia de terrenos accidentados, con varios ríos como el Ometepec y sus afluentes, el Putla, el Sordo, la Arena y el Santa Catarina, predominando el clima cálido con lluvias frecuentes. En 1980 había 16,205 hablantes de amuzgo en Guerrero y 2,168 en Oaxaca, un total de 18,373, este idioma pertenece al grupo Otomangue, tronco Savizaa, familia Mixteca y tiene pequeñas variantes dialectales, que no imposibilitan la comunicación entre los habitantes de diferentes lugares.

Las viviendas de las cabeceras municipales son rectangulares con paredes de ladrillo o adobe y techos de lámina o teja y las de las rancherías son redondas hechas con varas de otate. Una buena parte de la población todavía usa el vestido tradicional; los hombres llevan calzón largo de algodón, camisa blanca con bordados, huaraches y sombrero de palma. Las mujeres utilizan enredo azul y blanco con la orilla bordada, huipil decorado con hilos de diversos colores y rebozo.

Economía

Su actividad económica primordial es la agricultura:

Amuzgos. San Pedro Amuzgo, Oaxaca

cultivan maíz, calabaza, frijol, algodón, café, arroz, ajonjolí y caña de azúcar, así como árboles frutales. También elaboran panela extrayendo el jugo de la caña de azúcar en trapiches de tracción animal, hirviéndolo y poniéndolo en moldes hasta que solidifica; poseen algo de ganado bovino y en mayor cantidad porcino y caprino. Hacen trabajos artesanales como enredos y huipiles en telares de cintura, cotones de lana y rebozos; hay sitios en los que elaboran objetos de barro y en otros de ixtle y de palma.

Organización Social

En su sociedad hay familias tanto nucleares como extensas; para el matrimonio los padres del joven piden los servicios de un intermediario para que visite a la familia de la muchacha, en la última visita también van los progenitores del novio llevando regalos y una vez logrado el consentimiento, se fija la fecha de la ceremonia y después de que se realiza ésta, hay una fiesta.

En caso de fallecimiento los velorios se acompañan de comida y música, ésta va en relación con el estado civil del difunto; cuando se trata de un niño, además de música hay baile, pues como no ha pecado su alma pronto llegará al cielo. En cambio, el viaje del alma del adulto hacia el lugar de los muertos es difícil, en su trayecto debe alimentar a diferentes animales para que le permitan pasar, por lo que en su sepultura debe ponerse algo de comida.

El compadrazgo es una institución relevante que establece relaciones basadas en un gran respeto, los ahijados ven a sus padrinos como a sus segundos padres y, por lo regular cuando los encuentran, piden su bendición, a lo que se denomina "pedir el santo".

Religión y Creencias

Practican la religión católica amalgamada con elementos de su antigua religión, hay seres sobrenaturales, femeninos y masculinos, capaces de mandar sobre la naturaleza, así como de causar enfermedades, por lo que deben ser honrados con ceremonias y rituales. Las ceremonias para ellos son dirigidas por especialistas, sobre todo por los *tzan kalwa* o brujos que tienen conocimientos acerca de lo sobrenatural, hacen ceremonias para pedir lluvia y buenas cosechas, conocen la interpretación del calendario ritual que señala la fecha para los rituales agrícolas, o cuando es favorable curar las enfermedades. Otros especialistas son "los que saben" o sabios, llamados *tzan t'i,* quienes conocen las ofrendas y ceremoniales que deben dedicarse a los santos católicos para solicitar sus favores.

La enfermedad puede ser provocada por brujería, por castigo de las deidades, por mala conducta o transgresión de las normas del grupo, por la pérdida del alma debida a un susto, o porque la *tona* o espíritu animal compañero de una persona fue herida o lastimada. Las formas de diagnóstico y tratamiento varían, el especialista puede tomar el pulso del paciente con objeto de "ver su sangre", ingerir *ololiuhqui,* semilla de propiedades alucinógenas, para comunicarse con lo sobrenatural y conocer la causa de la enfermedad, o hacer uso de diferentes hierbas medicinales cuando el caso lo requiere.

El sistema tradicional de cargos religiosos todavía se encuentra vigente, pero no es igual en todas las localidades, hay fiscales mayores, diputados y cantores, así como mayordomos de los santos que cubren los gastos de las festividades.

Fiestas

Hacen algunas fiestas del santoral católico, como las de los santos patronos, el Carnaval, la Semana Santa, la Santa Cruz, San José, el Día de Muertos y la Navidad, entre otras; en ellas hay música, fuegos artificiales y danzas como la de Moros y Cristianos, la de la Conquista, los Doce Pares de Francia y otras más tradicionales del grupo como la del Macho Blanco, el Toro, el Tigre y el Macho Mula.

Organización Política

Siguen la organización de municipios que rige a todo el país, aunque se conserva en cierta medida la tradicional en base a cargos; hay principales o ancianos que han pasado por distintos puestos, considerados con suficiente experiencia para aconsejar a la comunidad y, ellos en coordinación con las autoridades municipales organizan el trabajo comunal, llamado *tequio* o "fatiga" en el que se realizan obras en beneficio de todos.

Chatinos

Generalidades

Los chatinos viven en el suroeste de Oaxaca, desde la sierra hasta la costa, en un territorio con distintos climas: en la zona montañosa es frío y húmedo, en los valles del centro semihúmedo y templado, y en la costa caluroso y seco, atravesado por el río Atoyac que en su parte inicial recibe el nombre de Juchatenango. En 1980 había 20,381 hablantes de idioma chatino, que está clasificado en el grupo Otomangue, tronco Savizaa, familia Zapoteca.

Las casas de la costa son rectangulares, hechas con bambú, en los valles se hacen con paredes de varas recubiertas con bajareque y techo de paja, mientras que en las montañas las paredes son de madera y los techos de teja. La indumentaria tradicional de las mujeres es falda larga de algodón, blusa con bordados en mangas y cuello y rebozo, y la de los hombres es calzón de manta, faja, camisa de manta, sombrero de palma y huaraches, pero los jóvenes de ambos sexos usan cada vez con más frecuencia la ropa de manufactura comercial.

Economía

Su actividad económica básica es la agricultura, siembran maíz, calabaza y frijol que utilizan en su totalidad para su propio consumo. En la costa siembran también algodón, ajonjolí, caña de azúcar, aguacate, jitomate, sorgo, café y frutales para la venta. Cada familia posee algunas cabezas de ganado mayor, cerdos y cabras a nivel doméstico y algunos chatinos prestan sus servicios en fincas de lugares vecinos donde se cultiva café. Hacen pocas artesanías, tejen fajas y servilletas en telares de cintura, objetos de barro para uso doméstico, sombreros y petates de palma; en la zona montañosa tejen cestos de palma y en la costa de bambú.

Organización Social

La unidad principal de su sociedad es la familia nuclear, aunque también hay extensas. Para el matrimonio se pide a los padrinos de bautizo del joven que acompañen a los padres a ver a la familia de la muchacha llevándole regalos para solicitar su anuencia, las visitas se repiten hasta que llegan a un acuerdo y se fija la fecha de la boda. Después de la ceremonia eclesiástica se hace una fiesta, luego la pareja debe guardar "los trece días", o sea que los trece días subsecuentes deben abstenerse de tener relaciones sexuales y deben tener buena conducta en todos sentidos, pues de no ser así podrían surgir dificultades o problemas posteriores.

Cuando una persona muere, el cadáver se coloca un tiempo en el suelo, para que "la tierra lo reciba", luego se le envuelve en un petate, se realiza el velorio y al día siguiente se le entierra con algo de comida, agua y utensilios de trabajo en miniatura, que le serán necesarios en su viaje al otro mundo, después se hace una novena que incluye oraciones, y baños de purificación y restricciones sexuales para los parientes cercanos.

El compadrazgo se lleva a cabo con motivo de los bautizos y de las bodas, estableciéndose relaciones importantes entre los padrinos, sus compadres y los ahijados.

Religión y Creencias

Los chatinos son católicos pero conservan algunas de sus antiguas creencias, tienen deidades asociadas con la lluvia, el rayo y el viento, igualmente se rinde culto y se hacen ofrendas al "Señor del Maíz" relacionado con el cultivo de la tierra y se realizan ceremoniales destinados a los espíritus del agua, de los cerros y de las cuevas. La enfermedad puede ser provocada por brujería o como castigo por haber transgredido las normas del grupo. En su curación intervienen shamanes, quienes mediante la ingestión de hongos alucinógenos se ponen en contacto con los seres sobrenaturales para que les indiquen la causa y la forma en que deben tratar cada caso.

En cada pueblo se venera a un santo patrón y a otros santos con características especiales; por ejemplo: San Isidro Labrador es el protector de los animales de tiro y San Antonio Abad de los guajolotes y las gallinas. En la organización religiosa tradicional, las autoridades principales son los mayordomos de los santos, que se encargan de realizar las festividades anuales en su honor.

Fiestas

Celebran algunas fiestas del calendario católico; las más destacadas son las de los santos patrones, aunque también festejan a Santiago Apóstol y la Navidad, pero la más sobresaliente de toda la región es la del Santuario de la Virgen de Juquila que principia el 7 de diciembre y se prolonga durante ocho días.

Organización Política

Sus pueblos siguen la organización municipal de todos los estados del país, cada municipio tiene agencias que dependen de él, y las autoridades de cada uno de ellos se eligen por votación popular. Los varones empiezan a participar en ella desde jóvenes, en los cargos de ayudantes, pasando después por otros, hasta llegar en algunos casos al de presidente municipal; en los pueblos más tradicionales funciona todavía el consejo de ancianos, cuyos integrantes son consultados para la toma de decisiones importantes.

Zapotecos

Generalidades

Los zapotecos habitan en diferentes regiones de Oaxaca: en la Sierra de Ixtlán al norte del estado en una parte montañosa con tierras fértiles, bosques y clima frío; en la zona de Pochutla y Miahuatlán al sur, con alturas aproximadas de 2,000 metros y clima frío, descendiendo hasta la costa del Pacífico donde el clima es cálido; en la parte del Istmo abarcando Tehuantepec, Juchitán y Salina Cruz en una área plana y baja a la orilla del Océano Pacífico, de clima caluroso, y en la parte central, en el Valle que se encuentra en los alrededores de la ciudad de Oaxaca. Según datos de 1980 había en Oaxaca 347,006 hablantes de zapoteco, siendo éste uno de los grupos indígenas más numerosos del país, su idioma está clasificado en el grupo Otomangue, tronco Savizaa, familia Zapoteca y tiene 15 o 16 variantes dialectales por lo que la comunicación entre personas de diferentes zonas se imposibilita, por lo que frecuentemente usan el español.

En las distintas áreas hay casas con paredes de tablas o adobe, techos de zacate, tejamanil o teja, de dos o cuatro aguas y en algunos sitios como anexo está el *temazcal*. Los hombres ya casi no usan la vestimenta tradicional que se hacía con manta, aunque en algunos lugares los más ancianos todavía llevan calzón y camisa blanca, faja, sombrero de palma y huaraches. El vestido femenino varía mucho de una zona a otra, y también hay sitios donde usan prendas comerciales, pero un buen número de ellas visten con ropa tradicional. En el norte llevan huipil largo blanco con tiras de colores a los lados, o bien enredo blanco o café y blusas decoradas con bordados, en esta zona destaca la indumentaria de

Mujer zapoteca, Yalalag, Oaxaca

las mujeres de Yalalag que llevan enredo con rayas horizontales delgadas cafés y blancas, huipil blanco decorado con flores de colores que se bordan en tiras verticales en el centro y a los lados y tocados de lana negra en la cabeza. En algunos sitios del sur visten enredo, faja y huipil corto blanco, o huipil con bordados y enredo de algodón azul o blanco. En el Istmo usan falda amplia larga y huipil corto con bordados lineales verticales y horizontales, y en los Valles enredo de percal y blusa con bordados en el escote y las mangas.

Economía

En la mayor parte de las comunidades zapotecas la actividad económica primordial es la agricultura; algunas localidades producen cultivos para el mercado nacional, otras para su propio consumo o para venderlos en mercados locales y, en sitios de tipo urbano, como Juchitán y Tehuantepec, la actividad básica es el comercio, relacionado con la producción agrícola. Siembran principalmente maíz, calabaza, frijol y chile, hay sitios donde además siembran cacahuate, maguey mezcalero y caña de azúcar sobre todo en los Valles; café en el norte y el sur, y caña de azúcar en el Istmo.

La pesca tiene importancia en las comunidades costeras del Istmo y en los ríos de la sierra, y la recolección en las montañas, tanto en lo que se refiere a vegetales como a insectos, pues los chapulines asados se consideran una especialidad regional; algunos practican la caza para proveerse de piezas que complementan su alimentación, o se dedican a la explotación de abejas para la obtención y venta de miel y cera. El comercio es una actividad relevante en ciertas zonas; en los valles elaboran mezcal de olla que extraen del maguey mezcalero, en toda el área hay quienes realizan emigraciones temporales para emplearse como trabajadores asalariados y producen distintas artesanías, como textiles en telares de cintura, en los valles también se usa el telar vertical para la confección de sarapes de lana, en otros sitios se hacen objetos de barro, de cuero y diversos productos de palma e ixtle.

Organización Social

La unidad básica de su sociedad es la familia nuclear; para el matrimonio en algunos lugares los padres, un intermediario o los padrinos de bautizo, se encargan de hacer los arreglos correspondientes con la familia de la muchacha; en otros es más frecuente el "rapto de la novia" que tiempo después se legaliza con una ceremonia, pero cualquiera que sea la forma de realizar los trámites, después de la ceremonia se hace una fiesta.

Los rituales con motivo de la muerte varían de uno a otro pueblo y dependen mucho de la edad del difunto. La muerte de un niño o "angelito" no causa pena, pues se dice que su alma irá al cielo. Cuando muere un adulto se hace un velorio con comida, bebida y música; hay sitios en los que se acostumbra enterrar a la persona con sus ropas, comida y un recipiente con agua, que le servirá en su viaje al otro mundo.

El compadrazgo es una institución importante y se realiza en ocasión de sacramentos como bautizos, confirmaciones y matrimonios.

Religión y Creencias

Los zapotecos son católicos pero conservan algunas de sus creencias antiguas y aunque éstas varían de una zona a otra, por lo regular hacen rituales con diversas ofrendas en cerros y cuevas destinados al dios del rayo para tener buenas lluvias y cosechas abundantes. Se cree en la existencia de seres sobrenaturales como la *matlacihua*, mujer que causa el infortunio de los hombres que tienen la desgracia de encontrarla en su camino; en los *chaneques* y duendes, seres pequeños malévolos, que pueden provocar enfermedades, y el diablo que se asocia con el mal en términos generales. En la mayor parte de los lugares también se piensa que cada persona está unida, desde el momento de su nacimiento, con un animal compañero o *tona* con el que comparte su destino, considerado como una de las almas del individuo.

La enfermedad es atribuida al "espanto" o susto que provoca la "pérdida del alma", la brujería, la introducción de objetos en el cuerpo, la envidia, la vergüenza, el "mal de ojo", el "mal aire", o la influencia o mala combinación de alimentos considerados "fríos" o "calientes". Para prevenirlas se usan cruces, escapularios, rosarios, amuletos preparados contra la brujería y el "mal de ojo", hay curanderos que alivian con hierbas medicinales, succiones, ceremonias para llamar el alma perdida y adivinación con granos de maíz.

La organización religiosa tradicional todavía tiene importancia en algunos lugares, en otros ha caído en desuso y en muchos se conservan cargos de quienes cuidan la iglesia y de los mayordomos de los santos.

Fiestas

Las más importantes son las de los santos patrones en las que hay música, fuegos artificiales y algunas danzas como la Zandunga en el Istmo, La danza de la pluma en la zona del valle, y La tortuga, Las mascaritas y El tigre en otros lugares, y otras como el Carnaval, la Semana Santa y en especial la del Día de Muertos.

Organización Política

La zona se rige por los lineamientos municipales, las autoridades se asientan en las cabeceras y en los pueblos hay agentes y policías. Cuando las autoridades cambian, después de haber cumplido con su periodo reglamentario, se realiza la ceremonia del "Cambio de Varas" en la que los salientes hacen entrega de sus funciones a los entrantes. Todavía hay sitios en los que los principales siguen siendo consultados en épocas de problemas y en la mayor parte de los pueblos se realiza el *tequio* o trabajo comunal para hacer obras en beneficio de la comunidad.

Chinantecos

Generalidades

Los chinantecos se localizan en el noroeste de Oaxaca, en la zona llamada La Chinantla, territorio rodeado de montañas, de suelos fértiles, situado en la Cuenca del río Papaloapan y atravesado tanto por ese río y sus afluentes Santo Domingo, Valle Nacional y Usila, como por el Tesochoacán; el lugar es boscoso, con distintas regiones: la central cálida y húmeda, la norte y la noroeste templadas y húmedas, la oeste fría y semihúmeda, y la del este cálida y muy húmeda. En 1980 había 66,811 hablantes de chinanteco, idioma que pertenece al grupo Otomangue, tronco Chinanteco, familia Chinanteca, con un número considerable de variantes dialectales que imposibilitan la comunicación entre las personas que habitan en distintos pueblos.

Las casas varían de una región a otra, generalmente son de planta rectangular, con paredes de troncos y techos de zacate o palma, que se extienden formando lo que se denomina "oreja" que sirve para proporcionar ventilación a la vivienda. Las mujeres usan falda y huipil de algodón ricamente bordado con figuras geométricas que varían de un pueblo a otro, mientras que los hombres visten desde hace tiempo con prendas de fabricación comercial.

Economía

Su actividad económica fundamental es la agricultura: cultivan maíz, chile, caña de azúcar, tabaco, café, frijol, arroz, y barbasco, que se dedican a la venta, aunque parte del maíz y del frijol se reservan para el consumo familiar, las tierras de La Chinantla son fértiles, especialmente en la Cuenca del Papaloapan donde, cada año, se obtienen dos o más cosechas de distintos productos.

Cada familia posee algunos cerdos, gallinas y guajolotes, y las especies que se obtienen de la pesca en los ríos se dedican al propio consumo. Elaboran artesanías como textiles que hacen las mujeres en telares de cintura confeccionando huipiles, faldas, servilletas, manteles y cobijas, destacándose como centros productores Ojitlán y Usila.

Organización Social

La unidad básica es la familia nuclear compuesta por padre, madre e hijos solteros; el matrimonio es arreglado por los padres o un intermediario a través de visitas a la familia de la muchacha, cuando se fija la fecha de la ceremonia la familia del novio debe obsequiar a la madre de la muchacha diferentes objetos como dote y, después de la ceremonia, se hace una fiesta en la casa de la novia.

Chinantecos de Ojitlán, Oaxaca

Los rituales de la muerte varían de uno a otro sitio, por lo general se realiza el velorio y a veces se acostumbra enterrar con el difunto prendas de vestir, comida, una cruz de palma o un rosario, es frecuente que se rece un novenario y que se nombren padrinos para la ceremonia denominada "levantar la cruz", que tiene lugar al noveno día después del fallecimiento, cuando se recoge la ceniza con que se hizo una cruz el día de la defunción, y los padrinos la llevan a depositar a la sepultura.

El compadrazgo establece lazos perdurables de respeto y ayuda y las uniones más significativas son las que se hacen en ocasión del bautizo de un niño.

Religión y Creencias

Son practicantes de la religión católica y conservan rituales asociados con sus antiguas creencias, veneran al dueño de los cerros, a un dios-diosa del maíz que tiene la característica de la dualidad tan frecuente entre los antiguos habitantes de Mesoamérica, dualidad que se manifiesta en su concepción del hombre, cuya alma es diferente a su cuerpo, aquella reside en el corazón y a la muerte física es llevada al otro mundo por un perro negro.

Las enfermedades pueden ser provocadas por la "pérdida del alma" debida a brujería o a un susto, los "malos aires", el "mal de ojo", u objetos que se han introducido en el cuerpo, y los curanderos procuran aliviarlos a través de distintos ceremoniales.

En algunos pueblos existen todavía los cargos de la organización religiosa tradicional, hay fiscales que supervisan que se atienda y festeje a los santos, mayordomos que costean las fiestas, y rezanderos y cantores que toman parte en las festividades.

Fiestas

Sus fiestas se relacionan con el calendario católico: se hacen las patronales de cada pueblo, el Carnaval, la Semana Santa en la que destaca el oficio de las "Tinieblas" cuando se representa una lucha entre el bien y el mal, apagando las velas de la iglesia, música y toque de tambores hasta que se encienden de nuevo, simbolizando el triunfo de Dios; la del Día de Muertos y la del Señor de Otatitlán el 3 de mayo.

Organización Política

Sigue los lineamientos de los municipios del país, las autoridades correspondientes residen en las cabeceras y en los pueblos hay autoridades menores que están en contacto con las de su respectiva cabecera. La importancia del consejo de ancianos ha decaído, ya que ahora sólo tienen participación en cuestiones de tipo religioso.

Huaves

Generalidades

Los huaves habitan en cuatro comunidades de Oaxaca, situadas cerca de la Laguna Superior y la Laguna Inferior a orillas del Océano Pacífico, en el Golfo de Tehuantepec y son: San Mateo del Mar, San Dionisio del Mar, San Francisco del Mar con categoría política de municipios y Santa María del Mar que es agencia municipal del municipio de Juchitán. Su territorio tiene tres zonas geográficas, una de monte bajo con árboles explotables, otra de sabana con pastos propios para el pastoreo y la tercera pantanosa con un buen número de salinas, en general las tierras son áridas y el clima seco y caluroso.

Para 1980 había 9,826 hablantes de idioma huave, que pertenece al grupo Otomangue, tronco Huave, que tiene algunas variantes dialectales que no impiden la comprensión entre sus hablantes. Sus casas están dentro de solares bardados, hechas de madera entretejida con varas y techos de dos aguas recubiertos con palma. Su indumentaria se parece, quizá por su cercanía física, a la de los zapotecos del Istmo, las mujeres usan enredo azul o rojo o falda amplia, huipil corto con bordados lineales y una especie de mantilla blanca en la cabeza. Los hombres visten camisa y calzón de manta, sombrero de palma o a veces de fieltro negro y huaraches, aunque hoy en día muchos de ellos utilizan pantalón y camisa de manufactura comercial.

Economía

Su actividad primordial es la pesca, que realizan en las lagunas Superior e Inferior, ya que sus lanchas no son apropiadas para la pesca en alta mar y las especies que obtienen son suficientes para la venta y el consumo familiar. El pescado es asado, salado o secado y posteriormente las mujeres lo venden a sus vecinas zapotecas, quienes lo distribuyen en los mercados locales.

También se dedican a la agricultura, siembran maíz, frijol, camote, calabaza, sandía y melón para el consumo familiar y en épocas recientes ajonjolí y sorgo para la venta. Poseen borregos, chivos, caballos y bueyes en menor escala, así como cerdos y aves de corral; el poco ganado mayor existente es propiedad de las cofradías religiosas que lo usan para sufragar los gastos de las festividades. En la zona pantanosa se dedican también a la explotación de las salinas, desecándolas para obtener sal que luego venden. Entre sus artesanías están los instrumentos para la pesca fabricados por los hombres, mientras que las mujeres tejen en telares de cintura manteles y servilletas que luego bordan, y hacen objetos de barro para uso doméstico.

Organización Social

Hay familias nucleares y extensas, así como un grupo de parientes llamado *akwalaac,* que toma en consideración tanto a los consanguíneos y afines como a los rituales que se adquieren a través del compadrazgo y mantienen un sistema de ayuda mutua para las diferentes necesidades de la vida. El matrimonio generalmente se realiza entre personas del mismo pueblo y es frecuente el rapto de la novia, después del cual se habla con las familias y se hace la ceremonia religiosa y a últimas fechas también la civil.

Los parientes y amigos de un moribundo lo visitan llevándole obsequios para despedirse de él, pues de esta manera no quedará ningún lazo que pueda ser nocivo para los vivos. Quien siente que va a morir reparte sus bienes y después se llama a un especialista denominado "el que pone en camino al muerto" para que recite una serie de oraciones propias del caso; una vez que la persona ha fallecido, el cuerpo es lavado, vestido y colocado con la cabeza hacia el sur, mientras el citado especialista recita otras oraciones, luego se le pone en la caja y se lleva al cementerio. Posteriormente se hacen cuatro ceremonias: a los nueve días, a los 40 días, a los seis meses y al año del fallecimiento, en las que los parientes rezan dirigidos por el especialista, oraciones que son de suma importancia para el viaje del difunto, en especial las de los nueve días, porque entonces el alma todavía está indecisa de alejarse de su casa, y oirlas le da oportunidad de aprenderlas bien y así pasar satisfactoriamente la prueba a la que será sometida por San Pedro al llegar al cielo.

El compadrazgo o parentesco ritual tiene características propias, pues los padrinos llegan a tener una posición más importante que los propios padres, pues se supone que al aceptar esta relación hacen un favor.

Religión y Creencias

La religión huave es una fusión de elementos prehispánicos y católicos, además de creer en Dios y en los santos rinden culto a algunos elementos de la naturaleza como al mar, la tierra, el rayo y los ciclones. Uno de sus ceremoniales importantes es aquel en que se pide lluvia al finalizar la estación de secas, cuando las autoridades y el pueblo se dirigen a la orilla del mar llevando las imágenes de los santos, entran al agua y hacen una reverencia hacia el lugar donde se dice residen los rayos.

Se cree en los nahuales o brujos que tienen la capacidad de convertirse en animales; para defenderse de ellos existen en los pueblos ermitas con cruces que tienen el poder mágico de impedir sus ataques. Cada persona tiene un animal compañero o *tono*, que es su contraparte animal espiritual. Pero estas creencias se están perdiendo, son pocos quienes realmente creen en la existencia de nahuales, y nadie sabe a ciencia cierta cual es su *tono*, pero sí se cree que si es dañado causa la enfermedad de la persona. Otros padecimientos pueden ser provocados por Dios como castigo por pecados cometidos, y para el alivio de las enfermedades se acude a los curanderos que dictaminan en primer lugar la causa y luego proceden al tratamiento.

En la organización religiosa hay todavía diferentes cargos: el más importante es el de mayordomo, que organiza la fiesta de un santo, siguen el ayudante de mayordomo, el caporal, vaquero y pastor del ganado que pertenece a la iglesia.

Fiestas

Celebran algunas del santoral católico, como las de los santos patronos de cada pueblo, la Candelaria y el Día de Muertos. Generalmente en ellas se interpretan las danzas de La culebra y La Malinche y se toca música con instrumentos como la flauta, el tambor y el caparazón de tortuga.

Organización Política

El sistema de cargos políticos tiene tres fases distintas, en la primera están los policías nocturnos, los policías diurnos, los topiles y los *monrap* o pregoneros que difunden las noticias en la comunidad. En la segunda se encuentran el tesorero, el escribano, el síndico y cinco regidores con sus suplentes que tienen el deber de ayudar en sus labores tanto a los alcaldes como al presidente municipal.

La tercera se refiere a los cargos de elección popular y en ésta se da preferencia a los hombres que han pasado por cargos de menor importancia, pero sobre todo, que hayan sido mayordomos de las imágenes, que es un puesto de gran significación y prestigio. El tercer escalón tiene dos subdivisiones: en la más baja están el juez de mandato que dirige a los *monrap* y es el intermediario entre el municipio y la iglesia, los suplentes de los alcaldes y el suplente del presidente, y en el nivel superior, se encuentran los alcaldes y el presidente municipal.

3

Grupo
Nahua-Cuitlateco

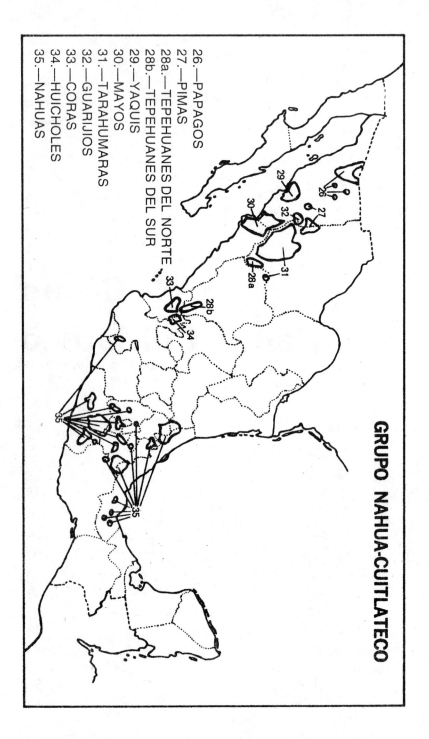

GRUPO NAHUA-CUITLATECO

26.—PAPAGOS
27.—PIMAS
28a.—TEPEHUANES DEL NORTE
28b.—TEPEHUANES DEL SUR
29.—YAQUIS
30.—MAYOS
31.—TARAHUMARAS
32.—GUARIJIOS
33.—CORAS
34.—HUICHOLES
35.—NAHUAS

Pápagos

Generalidades

Antes de la Conquista los pápagos vivían en el desierto de Sonora y Arizona, donde llevaban una existencia semi-nómada; a fines del siglo XVI los españoles realizaron algunas expediciones hacia esa zona, y fue a principios del XVII cuando los frailes iniciaron su labor evangelizadora, logrando poco éxito en lo referente a su cambio de creencias, aunque consiguieron congregarlos alrededor de la misión jesuita en el Valle del Altar. En 1847, debido a la intervención norteamericana en México el territorio del país fue fragmentado y parte de él pasó a pertenecer a los Estados Unidos, por lo que los miembros del grupo pápago quedaron divididos, unos en territorio norteamericano y otros en el mexicano, marginados en la zona desértica y desde entonces ambos grupos continúan teniendo relaciones y conservando cierta unidad.

Los pápagos que habitan en México se localizan en Sonora, en el Valle del Altar, principalmente en Quitovac, municipio de Puerto Peñasco; Pozo Verde, municipio de Saric; Las Norias, San Francisquito y Pozo Prieto pertenecientes al municipio de Caborca y en El Bajío, municipio del Altar, su habitat es el desierto, seco y árido, con altas temperaturas y poca lluvia.

Los pápagos que viven del lado mexicano son pocos en comparación con los que habitan en Estados Unidos, ya que para 1980 se registraron 193 hablantes de pápago, idioma que pertenece al grupo Nahua-Cuitlateco, tronco Yutonahua, familia Pima-Cora; la mayor parte de los jóvenes del grupo hablan su lengua, español e inglés, por su ubicación cercana a la zona fronteriza y a los nexos que mantienen con los que viven en Estados Unidos, las personas de este grupo no se dan a sí mismas el nombre de pápagos, sino de *tono-ooh'tam* que en su idioma significa "gente del desierto".

Habitan en casas de forma rectangular con paredes de adobe o varas y techo plano, en época de lluvia viven en sus rancherías y el resto del año emigran para trabajar en otros sitios. La indumentaria de los hombres, en la que combinan los colores de forma llamativa, es de fabricación comercial y frecuentemente adquirida en los Estados Unidos; las mujeres llevan vestido o pantalón y blusa, del mismo tipo de manufactura, y cuando hace frío usan suéteres, abrigos y guantes, en cambio las mujeres ancianas llevan falda larga de colores, blusa de algodón y una especie de pañuelo en la cabeza.

Economía

Obtienen sus principales ingresos a través de la mano de obra asalariada, desempeñando diferentes actividades como empleados, choferes, carpinteros, vaqueros, albañiles, etcétera, labores que hacen tanto en poblaciones mexicanas como estadounidenses, prefiriendo los empleos que consiguen del otro lado de la frontera, puesto que reciben su salario en dólares y al regresar aumentan considerablemente sus ganancias. Las mujeres hacen objetos de barro, de madera tallada, de chaquira y *coritas* o cestos con torote y ocotillo, que venden en la zona fronteriza, obteniendo así ingresos complementarios.

Organización Social

La unidad básica de su sociedad es la familia nuclear; el matrimonio lo acuerdan ambos contrayentes y la ceremonia se realiza por la iglesia. En ocasión de la muerte se hace un velorio en el que se reza y luego se lleva a cabo el entierro, procurando hacerlo en el panteón de la localidad donde nació la persona quien es enterrada junto con sus pertenencias, a excepción de su ropa que es quemada.

Religión y Creencias

La mayor parte de los pápagos practican la religión católica, en sus pueblos hay iglesias, poseen un santo patrono y acuden a los sacerdotes en algunas ocasiones, pero también conservan parte de sus antiguas creencias, pues veneran a una deidad que llaman el "hermano mayor" quien rige la lluvia, el viento y los rayos. Hay lugares considerados sagrados, tanto en Sonora como en Arizona, adonde ocasionalmente celebran ceremoniales en que los ancianos cantan antiguas canciones rituales. Creen en brujos que son capaces de hacer el mal o dañar a las personas, cuyo poder es adquirido por revelaciones sobrenaturales que reciben en estado de trance, y hay también curanderos con amplios conocimientos de las propiedades de las hierbas que usan en la curación de las enfermedades.

Fiestas

Hacen algunas fiestas del santoral católico, como las de los santos patronos de los distintos pueblos, la de San Ignacio, la de San Francisco Javier, la del Día de Muertos, la de la Virgen de Guadalupe y la Navidad, con cantos, danzas y actos propios de la liturgia católica. La más relevante es la de San Francisco Javier que hasta hace poco se hacía en la población de La Magdalena, pero como esta fiesta llegó a llamar tanto la atención de los visitantes, el grupo acordó cambiar el lugar de celebración a San Francisquito.

Organización Política

Hasta hace poco tiempo, en su organización política había jefes de aldea y un gobernador de todos ellos, pero han desaparecido, y cada una de sus seis comunidades tiene ahora un representante que consulta a los demás para tomar decisiones, y un gobernador y su suplente, que fungen como intermediarios entre el grupo y las autoridades municipales.

Pimas

Generalidades

Los pimas habitan en el este de Sonora y el suroeste de Chihuahua, siendo sus poblaciones de mayor importancia las que están alrededor de Maycoba, municipio de Yécora en Sonora, mientras que en Chihuahua son Yepáchic, municipio de Temasachic y Mesa Blanca, municipio de Madera, en un territorio cercano a la Sierra Madre Occidental con valles, montañas y bosques, de clima frío en algunos sitios y templado en otros. Debido a que los pimas realizan frecuentes emigraciones en el Censo de 1980 se registraron sólo 134 hablantes en Sonora y 350 en Chihuahua que da un total de 484 personas que hablan pima, idioma que pertenece al grupo Nahua-Cuitlateco, tronco Yutonahua, familia Pima-Cora, y tiene algunas variantes dialectales que imposibilitan la comprensión entre hablantes de distintos pueblos.

Sus casas son de dos tipos, una permanente y otra

temporal; la primera tiene paredes de adobe y techos de dos aguas de tejamanil y en el patio hay una excavación redonda a manera de cueva, con techo de palma, llamada *juki* que es donde tejen la palma; en tanto que la casa temporal, situada en las milpas, tiene paredes de varas y techo de zacate y se trasladan a ella durante la siembra y la cosecha. Ya no usan el vestido tradicional, sino que visten con prendas elaboradas comercialmente, ellos con pantalón, camisa y huaraches o mocasines llamados *teguas,* los más ancianos usan sombrero tejido con palma real, de copa redonda con un cordón negro alrededor y ala levantada; mientras que las mujeres llevan vestido, que sólo se diferencia del de las mestizas por los colores brillantes que prefieren y por un pañuelo con que se cubren la cabeza.

Economía

Su actividad primordial es la agricultura: siembran maíz, calabaza, frijol, papa, chile, avena, jitomate y trigo principalmente para su propio consumo, y aún así muchas veces los productos resultan insuficientes. Cada familia tiene dos o tres cabezas de ganado mayor, algunas ovejas, cerdos y aves de corral; hay hombres que se trasladan a distintos sitios de los alrededores para realizar trabajos asalariados, y su artesanía más relevante es la cestería a la que se dedican las mujeres; parte de su producción la destinan al uso doméstico y el resto a la venta.

Organización Social

La unidad principal de su sociedad es la familia nuclear y también se dan casos de familias extensas. Para el matrimonio los jóvenes llegan a un acuerdo y se lleva a cabo el rapto de la novia, lo que recibe el nombre de "huída", después forman un matrimonio aceptado por el grupo y en ocasiones también se hace el casamiento por la iglesia.

Cuando alguien muere se nombran padrinos para que arreglen el cuerpo, se hace un velorio y al día siguiente el entierro. El compadrazgo amplía las relaciones del grupo, pero como hay una buena cantidad de eventos en que se contrae, no llega a tener mucha importancia. Hay padrinos para bautizo, boda, "difunto", de "manto" que llevan a un enfermo a que pase bajo el manto de San Francisco que es el patrono del grupo, y de "pelito" cuando se le corta a un niño el cabello por primera vez.

Religión y Creencias

Practican la religión católica, aunque en sus festividades y ceremoniales pueden apreciarse algunas características de su antigua religión. Su santo patrono es San Francisco de Asís, ya que según sus tradiciones este santo seleccionó a los pimas para que lo veneraran y a Maycoba como el lugar donde quería que le rindieran culto, por ello ese sitio es considerado como un centro de peregrinaje y de ceremonial, no hay por lo tanto santos patronos en cada pueblo, sino que su único patrón es San Francisco.

Se dice que algunas enfermedades son causadas por brujería, aunque también pueden deberse al incumplimiento con las reglas del grupo, como castigo de Dios y hay otras que se consideran naturales cuando la causa es obvia y las atiende el curandero con hierbas medicinales; pero en caso de castigo divino la curación se hace a través de rezos, oraciones y mandas a San Francisco, y cuando se sospecha de brujería se acude al brujo. La organización religiosa tradicional ya no existe, aunque todavía hay mayordomos que organizan las festividades.

Fiestas

La fiesta más relevante es la de San Francisco de Asís, santo patrono del grupo, que se hace el 4 de octubre en Maycoba, a la que asisten los pimas de Chihuahua y los de Sonora, en la que se interpretan danzas como El Venado, La Pascola y Los Matachines. También celebran la Semana Santa, en la que generalmente interpretan la danza del Yúmare.

Organización Política

En esta hay cargos que dependen directamente del municipio al que pertenecen los pueblos pimas, habiendo pequeñas diferencias de uno a otro, hay autoridades agrarias para los asuntos relativos a sus tierras, y en algunas localidades conservan a sus autoridades tradicionales, hay un gobernador, su suplente y un general, que solucionan los problemas internos y representan a su pueblo ante las autoridades municipales.

Tepehuanes

Es probable que en épocas antiguas los tepehuanes del norte y los del sur hayan formado una unidad debido a su cercana filiación lingüística. Las fuentes españolas del siglo XVI no hacen diferencia entre el grupo del norte y el del sur, lo que sugiere que los dos grupos estaban más emparentados culturalmente y tal vez se encontraban relacionados por variantes dialectales ya desaparecidas, sin embargo según algunas investigaciones, la separación entre ambos grupos quedó establecida desde la segunda mitad del citado siglo.

Tepehuanes del norte

Generalidades

Los tepehuanes del norte se asientan en el suroeste de Chihuahua, en un territorio atravesado por la Sierra Madre Occidental, con alturas que llegan hasta los 3,000 metros sobre el nivel del mar, profundas barrancas y bosques, situado cerca de las tierras irrigadas por el río Verde.

Para 1980 había en Chihuahua 2,289 hablantes de tepehuan, idioma del grupo Nahua-Cuitlateco, tronco Yutonahua, familia Prima-Cora. Sus casas son de planta rectangular con paredes de troncos, tablas o varas y techos de dos aguas con tablas delgadas detenidas con piedras. La vestimenta de las mujeres consta de blusa suelta de manga larga, falda de color fuerte y pañoleta en la cabeza; en tanto que los hombres usan camisa y pantalón de fabricación comercial, faja, paliacate al cuello, huaraches y ocasionalmente una tela doblada en triángulo con la punta hacia atrás amarrada en la cintura.

Economía

Los tepehuanes del norte se dedican a la agricultura sembrando maíz, calabaza, frijol y chile para el consumo familiar, y en menor escala trigo, papa, avena y cebada. Crían aves de corral en cantidades considerables y cada familia tiene borregos, una o dos vacas, burros y mulas, asimismo practican la cacería como complemento de su

Tepehuano de Llano Grande, Durango

alimentación y elaboran artesanías, como el tejido de sarapes y fajas en telares de cintura y la fabricación de violines para uso personal.

Organización Social

La unidad básica de su sociedad es la familia nuclear, aunque también se dan casos de familias extensas. Lo que es más frecuente en el caso del matrimonio es que el joven se "robe" a la muchacha, estando ella generalmente de acuerdo, llevándola a vivir a la casa de sus padres, hasta que la familia de ella los perdona y los acepta como pareja, sin que se realice ceremonia civil o religiosa.

Los difuntos son enterrados en el panteón de la iglesia del lugar. Se piensa que el alma permanece cerca de su casa alrededor de un mes y que se aleja de forma definitiva hasta que se realiza una fiesta de despedida en la cual se coloca ropa, comida y *tesgüino*, bebida de maíz fermentado, para que el difunto los use en su viaje al más allá, y después se hacen otras dos fiestas: a los cuatro meses y al año del fallecimiento.

El compadrazgo se establece sólo en ocasión del bautizo de un niño y se prefiere seleccionar a los padrinos entre los propios familiares.

Religión y Creencias

Los tepehuanes del norte practican el catolicismo, matizado por una serie de elementos de su antigua religión, tienen una deidad creadora a la que llaman "Nuestro Padre Dios", el "Dios Venado" dueño de los animales; el espíritu del viento y dos seres sobrenaturales relacionados con la muerte: el dios o espíritu de la montaña que toma la forma de un guajolote para anunciar la muerte de las personas y *Úgai* ser espiritual que produce una luz en el cielo cuando muere uno de los miembros del grupo; a todos ellos se les hacen ofrendas para agradarlos y recibir sus favores, así como para que haya lluvia y buenas cosechas.

La enfermedad se atribuye a la acción de malos espíritus y a la brujería, los shamanes tienen los poderes para conocer el origen de los males y de aplicar el tratamiento, estos especialistas son llamados "bajadios"; en las ceremonias cantan y tocan su calabazo para atraer al dios, luego se entrevistan con él y duermen para recibir los mensajes durante el sueño, pero no sólo curan, sino también ayudan a resolver casos de robos y diversos asuntos que preocupan a las personas.

Los cargos religiosos están relacionados con los políticos, ya que el gobernador se encarga de nombrar a los fiscales que organizan la fiesta de Semana Santa, limpian la iglesia y cuidan a las imágenes, a los cabos que realizan varias tareas en ocasión de la citada fiesta, y designan a los fiesteros que ofrecen la comida y el *tesgüino* en la fiesta de la Virgen que se hace el 15 de agosto.

Fiestas

Celebran varias festividades del santoral católico, como la de los Santos Reyes en la que se baila la danza de los Matachines, se sacrifica a algunos toros y se bebe *tesgüino;* la de Semana Santa con procesiones y la representación de la Pasión de Jesucristo impregnada de elementos locales y la de San Francisco en la que además de venerar al santo se hacen rituales para agradecer las cosechas.

Organización Política

Hay cargos políticos tradicionales a nivel interno, como el gobernador y sus ayudantes, que resuelven los problemas locales, el capitán general que mantiene el orden y, los denominados justicias que lo auxilian en su labor; por lo demás se rigen por el sistema municipal que impera en todo el país.

Tepehuanes del sur

Generalidades

Los tepehuanes del sur se localizan en el sur de Durango y en una parte de Nayarit que colinda con el anterior, en un territorio de grandes elevaciones, zonas boscosas de clima frío, y otro que es más bajo y con clima templado. Los hablantes de tepehuan en 1980 eran 13,147 en Durango y sólo 936 en Nayarit, un total de 14,083, su idioma está clasificado en el grupo Nahua-Cuitlateco, tronco Yutonahua, familia Pima-Cora, y aunque su clasificación es la misma que la del tepehuan del norte, son dos variantes ininteligibles entre sí.

Sus casas son de planta rectangular, con paredes de piedra o adobe y techo de zacate con dos o cuatro aguas. La indumentaria que utilizan hombres y mujeres consta por lo regular de prendas de fabricación comercial, aunque algunos hombres usan todavía camisa y calzón de manta y pañuelo rojo en el cuello. Hay mujeres que llevan vestidos de colores con falda amplia a veces adornada con olanes y pañuelo en la cabeza.

Economía

Las actividades económicas primordiales de los tepehuanes del sur son tanto la agricultura como la ganadería, cultivan maíz, frijol y calabaza y en las zonas bajas siembran diversos frutales. La mayoría de las familias poseen algunas cabezas de ganado vacuno, cabras, ovejas, caballos y burros, hay quienes se dedican al comercio en tiendas pequeñas, y otros realizan emigraciones diarias o temporales para emplearse como trabajadores asalariados, asimismo producen artesanías para el consumo familiar, como objetos de barro, ceñidores y morrales de lana y de fibra de maguey, sombreros de palma e instrumentos musicales como flautas de carrizo, violines y tamborcitos.

Organización Social

La unidad de su sociedad es la familia extensa; el matrimonio es arreglado por los padres del joven a través de visitas que hacen a la familia de la muchacha para solicitar su consentimiento, y cuando se casan el joven permanece un tiempo con sus suegros para ayudar en las labores agrícolas.

El ritual asociado con la muerte de uno de los miembros del grupo tiene una duración de cinco días, durante los cuales el shamán se encarga de realizar el ceremonial para que el alma se dirija a su destino final y evitar, en consecuencia, que regrese a importunar a los vivos, y es hasta el quinto día cuando se lleva a cabo el entierro en el cual, algunas veces, se coloca algo de comida que se supone el difunto utilizará en su viaje. Cuando se cumplen dos años del fallecimiento se hace otra ceremonia similar en la que el shamán vuelve a indicar al alma el camino hacia el más allá, con objeto de que no vuelva a la tierra.

Religión y Creencias

Los tepehuanes del sur practican la religión católica, combinada con elementos de sus creencias antiguas, veneran a deidades como el Dios Padre que se asocia con el Sol, a Jesús Nazareno que relacionan con la Luna, a la estrella de la mañana, a la Virgen María que tiene varios ayudantes entre los que está la Virgen de Guadalupe y, a su héroe cultural, llamado *Ixcaitiung*.

Entre los especialistas en cuestiones sobrenaturales destacan los shamanes, quienes para poder practicar su oficio reciben un entrenamiento de cinco años, bajo las instrucciones de un shamán experimentado, tiempo en el que aprenden los rituales de las distintas ceremonias y las oraciones que elevan en cada ocasión; como parte de su entrenamiento hacen retiros para rezar, meditar y ayunar. Entre las obligaciones de los shamanes está la curación de las enfermedades con una ceremonia que dura cinco días, en los cuales entona largas oraciones, da masaje al enfermo o le sopla humo de tabaco y el paciente hace una confesión ritual para lograr el alivio completo.

En los ceremoniales denominados "mitotes" participa toda la comunidad y tienen la finalidad de agradecer la fertilidad de la tierra o pedir salud y bienestar, tienen una duración de cinco días en los que los participantes ayunan y elevan oraciones; el último día se realizan danzas con lo que finaliza el ayuno y todos comen los alimentos que se han puesto en un altar. También se hacen "mitotes" familiares semejantes a los anteriores, pero que sólo duran tres días, y en ellos únicamente toman parte los miembros de la familia del mismo apellido.

Los cargos religiosos tradicionales aún están vigentes, el principal es el jefe de patio, que dirige los ceremoniales agrícolas y los "mitotes", así como sus ayudantes primero y segundo, la segunda es una mujer que organiza la preparación de las comidas para las festividades. Otros cargos de menor importancia son el capitán primero y segundo, el sargento primero y segundo y el cabo, quienes entre otras cosas, avisan las fechas de los "mitotes" y están al tanto de que se asista a ellos.

Fiestas

Hacen algunas fiestas relacionadas con el santoral católico, como las de Semana Santa, la Virgen de Guadalupe, la Navidad y la del santo patrón de cada pueblo, en las que hay danzas de Matachines, así como otras festividades propias del grupo. En Primavera una para que la tierra fructifique, en Otoño la de los primeros frutos o de los elotes, antes de la cual no está permitido comerlos, más tarde otra para agradecer la cosecha y a principios de año un "mitote" para que los sobrenaturales protejan a las personas en la temporada de frío.

Organización Política

La organización tradicional en este sentido sigue teniendo importancia, cada año se elige a los gobernadores primero, segundo y tercero; alguaciles, un fiscal y un topil que se encargan de los asuntos de la comunidad, solucionan problemas locales y organizan las festividades religiosas, pero los pueblos tepehuanes del sur también pertenecen a sus respectivas cabeceras municipales y se encuentran sujetos a los lineamientos que las rigen.

Yaquis

Generalidades

Los yaquis habitan en la parte sureste de Sonora, principalmente en ocho pueblos que son Vícam la primera cabecera, Pótam la segunda cabecera, Ráhum, Tórim, Cócorit, Huírivis, Pitahaya (también conocido como Belén) y Bácum, localizados a la orilla del río Yaqui, su región comprende una área de la sierra, llamada sierra de Bacatete, y otra de la costa situada entre la Bahía de Lobos al sur y la de Guásimas al norte en el Golfo de California; el clima es semidesértico, con lluvias escasas y temperatura muy variable, antiguamente el río Yaqui irrigaba sus tierras, pero, en la actualidad su caudal ha disminuido considerablemente debido a la construcción de tres presas que concentran sus aguas.

En 1980 había 6,860 hablantes de yaqui, idioma que se encuentra clasificado en el grupo Nahua-Cuitlateco, tronco Yutonahua, familia Pima-Cora. Sus viviendas están hechas con horcones de mezquite, paredes de carrizos entretejidos y techos de esteras y carrizos recubiertos con tierra. Los hombres visten con camisa y pantalón de tipo comercial, cinturón de cuero, huraches o zapatos y paliacate en el cuello, o sea que su indumentaria es parecida a la de los campesinos del norte del país, y las mujeres llevan falda amplia floreada, blusa y rebozo.

Economía

Su actividad principal es la agricultura en las tierras del Valle del Yaqui, cultivan trigo, maíz, sorgo, cártamo, soya, garbanzo, alfalfa, chícharo, chile, algodón, jitomate, naranja, limón y hortalizas, tanto para la venta como para su propio consumo. Sus tierras cultivables han sido afectadas por falta de irrigación y los yaquis han tenido que recurrir al trabajo como peones agrícolas o a rentar sus tierras para que las cultiven quienes puedan irrigarlas.

La ganadería es una actividad secundaria pues muchas de las tierras de pastizales se han ido destinando a la agricultura, también pescan cerca de Bahía de Lobos y cazan para complementar su alimentación. Elaboran artesanías como tambores y máscaras que utilizan en las festividades y en las danzas.

Organización Social

La unidad básica de su sociedad es la familia nuclear en la que la máxima autoridad es el padre, aunque los ancianos de cada familia también tienen un lugar preponderante. Un intermediario profesional hace los arreglos para el matrimonio con la familia de la muchacha y luego se lleva a cabo la ceremonia en la iglesia del pueblo.

Cuando una persona se encuentra grave se le asignan padrinos y madrinas quienes, en caso de que muera, tienen a su cargo los gastos del velorio y del entierro, poco después del deceso los padrinos prenden un cohete, que según sus creencias, avisa que el alma se dirige al cielo. En el velorio las cantoras rezan, a veces hay danzas como La Pascola, El Coyote y Los Matachines y música de flauta y tambores. Mientras se hace el entierro los familiares permanecen de espaldas a la sepultura y una vez concluido, los padrinos se saludan entre sí y con los parientes del difunto y todos regresan rápidamente a sus casas para evitar un encuentro con el alma de la persona fallecida. Al año del deceso tiene lugar una ceremonia de dos o tres días en la que hay danzas, rezos, cantos, comida y bebida.

El compadrazgo o parentesco ritual es de bastante relevancia en la vida de los yaquis, ya que consolida relaciones sociales y hay padrinos para distintos eventos, tales como bautizos, matrimonios y defunciones.

Religión y Creencias

La religión rodea muchas de sus actividades y se manifiesta en diversas fiestas y danzas, ya han aceptado plenamente la religión católica impuesta por los misioneros a partir del siglo XVII, aunque sigue estando matizada por algunas de sus antiguas creencias.

La organización religiosa tradicional es jerárquica y tiene cargos masculinos y femeninos, los de los hombres son *Temastimole* (maestro litúrgico), los maestros que auxilian al anterior, los *Temastis* (niños que tocan las campanas y llevan los cirios en las ceremonias) y los 'angelitos' (entre 4 y 10 años que intervienen únicamente en la fiesta de Semana Santa). Los de las mujeres son *Kiyohteiyohue* (o maestra litúrgica), las cantoras (que participan en la liturgia), las *kiyohteis* (que vigilan la limpieza de la iglesia), las *tenanchis* (que limpian la iglesia y arreglan las imágenes), las *Bantero* (niñas que llevan las banderas durante las celebraciones) y las 'angelitas' (de 4 a 10 años, participantes en la Semana Santa).

Fiestas

Sus fiestas más importantes son las de los santos patronos de cada pueblo, con música, danzas y juegos pirotécnicos, así como la Semana Santa en la que interpretan danzas como El Venado, El Coyote, La Pascola o Los Matachines, y la celebración para los difuntos que es en octubre. En los patios de las casas se ponen ofrendas, todos los días se elevan oraciones y el 2 de noviembre, como fase final, hay música, danzas, cohetes y responsos.

Organización Política

Los pueblos yaquis poseen sus propias autoridades tradicionales, en cada pueblo o *comunila,* como también se le llama, hay un gobernador (*cobanahua*), un mayor del pueblo (pueblo *yohue*), un capitán, un comandante, un maestro litúrgico (*temastimole*) que aunque es un cargo religioso también tiene injerencia en los asuntos políticos, así como la maestra litúrgica (*kiyohteiyohue*) que se encuentra en el mismo caso que el anterior. Todos los cargos se ejercen de por vida, con excepción del gobernador, quien dura en su cargo un año.

Las autoridades de cada pueblo se reunen los domingos, tanto para hablar de los problemas de cada localidad como para atender y solucionar los casos que se presentan a su consideración, y cuando surge algo que afecta a todo el grupo realizan una *comunila* general, donde se reunen las autoridades de los ocho pueblos yaquis.

Mayos

Generalidades

Los mayos se localizan en el sur de Sonora y el norte de Sinaloa, en la zona costera situada entre el río Fuerte al sur y el río Mayo al norte, que desembocan en el Golfo de California. La región tiene dos zonas, la desértica y la del distrito de riego, toda ella es plana, con clima desértico y lluvias irregulares. En 1980 había 35,387 hablantes de mayo en Sonora y 20,091 en Sinaloa, un total de 55,478, este idioma pertenece al grupo Nahua-Cuitlateco, tronco Yutonahua, familia Pima-Cora, y tiene pocas variantes dialectales, por lo que los habitantes de ambas entidades se comprenden perfectamente entre sí. Los mayos se dan a sí mismos el nombre de *yoremes,* y a los mestizos los llaman *yoris,* denominaciones que también son utilizadas por sus vecinos los yaquis.

Sus casas en el área desértica se elaboran con varas y lodo, mientras que en el distrito de riego se construyen con ladrillo o adobe, y las de ambas regiones se diferencían de las de los mestizos, porque tienen en la parte de enfrente una cruz de madera. El vestido tradicional ha dejado de usarse, los hombres usan camisa y pantalón de manufactura comercial y las mujeres usan vestido del mismo tipo de fabricación.

Economía

Su actividad económica primordial es la agricultura, sobre todo en la zona donde existe riego, allí cultivan en escala considerable y con métodos modernos trigo, algodón, ajonjolí, jitomate y legumbres. Mientras que en la parte desértica hay cultivos de temporal como maíz, chile, frijol, papa y garbanzo. Tienen animales de tiro para las labores agrícolas y crían aves de corral; la pesca en la región costera es bastante importante tanto para su consumo como para la venta, y sus artesanías son utilitarias, las mujeres tejen telas de algodón y sarapes y los hombres hacen trabajos de cestería, redes para la pesca y algunas herramientas como cuchillos y machetes.

Organización Social

La familia nuclear, de los padres y sus hijos solteros, es la base de su sistema social; el matrimonio se celebra por lo regular entre los miembros del mismo grupo, los padres del joven hacen la petición formal de la mucha-

Mayos de Bacavachi, Sonora

cha, aunque también con cierta frecuencia se hace el rapto de la novia, legalizando después la unión.

Si muere un niño lo velan en casa de sus padrinos de bautizo, durante la noche hay fiesta con comida, bebida y danza de La Pascola, pues como ha muerto sin haber pecado, es un 'angelito' que irá al cielo; si el difunto es adulto, se nombra a dos hombres y a dos mujeres como padrinos para que lo amortajen, hacen el velorio y el entierro y ocho días más tarde una velación con responsos y oraciones, llamada "responso".

El compadrazgo es una institución relevante que establece relaciones perdurables, hay padrinos de bautizo, matrimonio, de "hábito" cuando una persona está enferma y le llevan el hábito de algún santo para que lo alivie, y de "difunto" quienes amortajan al muerto, tornándose así en compadres de los parientes cercanos del difunto.

Religión y Creencias

Entre los mayos predomina la religión católica, aunque antiguamente rendían culto a dioses relacionados con los astros y los fenómenos de la naturaleza. La organización religiosa tradicional sigue funcionando; entre los cargos están el maestro y el *Teopobo Kabanero* puestos que se desempeñan durante toda la vida, y los *paskome* o fiesteros que deben estar pendientes de que se realicen las festividades y de la organización de las mismas.

Hay cofradías que realizan la fiesta del santo al que están dedicadas, de especial importancia es la cofradía de los *pariserom*, que dirige la festividad de la Semana Santa, sus miembros representan a Pilatos, al Capitán, al Sargento y al Cabo y son los jefes y oficiantes de este ceremonial, en él participan también los *capokábam* cuya función es la de estar al tanto de que se mantengan los rituales y en la representación se integran a la tropa de Pilatos.

Fiestas

La fiesta de la Pascua de Semana Santa es sin duda la de mayor relevancia, es cuando se representa la Pasión de Cristo con marcada influencia de elementos indígenas y como parte de la festividad hay ceremonias de iniciación para los adolescentes de sexo masculino, que después son ya considerados miembros adultos de la comunidad. Hacen también otras fiestas, como la de San Juan Bautista que se relaciona con el solsticio de verano, marcando el comienzo de las lluvias, la de San Francisco de Asís y la de la Virgen de Guadalupe.

Los elementos más sobresalientes de las festividades son las danzas, en especial la de la Pascola y la del Venado, la bebida ritual, la comida y las ofrendas, así como las carreras de caballos, los juegos de azar y los fuegos artificiales. En todas las fiestas resalta la actividad del comité de los *paskome* o fiesteros que consta de doce cargos: alférez primero y segundo, alférez ayudante primero y segundo, *parima* mayor con su auxiliar, *parima* menor con su ayudante y cuarto *alahuices* que organizan lo referente a la comida y la bebida que se ofrece a todos los asistentes.

Organización Política

Los pueblos mayos siguen la organización municipal que rige a la República Mexicana, y en algunas comunidades, además, se conservan cargos tales como el de gobernador, llamado *Cabanahua* y sus ayudantes los "chicoteros" que ponen en práctica los castigos dictados por el gobernador, que siempre van en relación con la falta cometida.

Tarahumaras

Generalidades

Los integrantes del grupo tarahumara se denominan a sí mismos *rarámuri*, que significa "los de los pies ligeros", habitan en la zona montañosa del suroeste de Chihuahua y el norte de Durango, en dos zonas geográficas: la Alta y la Baja Tarahumara, a las que también se llama la Sierra y las Barrancas, la primera es boscosa, con clima muy frío, mientras que la segunda es de alturas escasas, barrancas profundas y clima cálido.

En 1980 se registró un total de 57,118 hablantes de tarahumara, de los cuales 56,400 se asentaban en Chihuahua y sólo 718 en Durango; su idioma pertenece al grupo Nahua-Cuitlateco, tronco Yutonahua, familia Pima-Cora y no tiene variantes dialectales de importancia. La población tiende a movilizarse según sus necesidades, viven en ciertas épocas cerca de sus campos de cultivo, y en el invierno cambian su residencia, llevando sus animales a las casas o cuevas de los cañones profundos, donde cuentan con mayor protección para el frío. Sus casas son de forma rectangular, en la zona alta se hacen con madera o con piedra y techo de madera, mientras que en la baja se construyen con piedra, barro y techo de vigas recubierto con zacate y lodo.

Algunos hombres han comenzado a usar pantalón y camisa de tipo comercial, pero por lo general visten con taparrabo de dos piezas cuadradas de tela, dobladas en triángulo y colocadas tanto alrededor de la cintura como entre las piernas, más dos pedazos de tela, uno adelante y otro atrás, y faja tejida, algunos llevan también camisa hecha con una tela rectangular doblada a la que se dejan tres aberturas, una al centro para la cabeza y dos a los lados para los brazos, calzan sandalias de cuero y en invierno se tapan con cobijas de lana y cubren sus pies con pieles. Las mujeres visten con blusa rectangular, falda amplia que en temporada de frío llegan a ser cuatro o cinco, faja y sandalias, ambos sexos usan una banda en la cabeza, de color rojo ellas y blanco ellos.

Economía

Su actividad principal es la agricultura de temporal; en la parte alta siembran maíz, calabaza, papa, trigo y cebada; en la baja maíz, frijol, cebolla y chile. Las familias tienen cierto número de ovejas y cabras que pastan durante el verano cerca de los campos de cultivo y en invierno deben ser llevadas a sitios menos fríos para protegerlas, asimismo cazan y pescan para complementar su alimentación, obtienen maderas de los bosques de la región para la construcción. Realizan actividades comerciales entre los habitantes de las dos zonas, así como con los mestizos; ocasionalmente los hombres se contratan como peones agrícolas o en los trabajos forestales a gran escala y las mujeres hacen artesanías como objetos de barro, mantas, cobijas y fajas en telares de cintura.

La familia requiere muchas veces de la ayuda de sus vecinos y amigos, para trabajos como la construcción de una casa, la siembra o la cosecha, en esos casos invita a distintas personas para que ayuden, una forma de trabajo colectivo característica del grupo, ofreciéndoles a cambio una *tesgüinada*, o sea una comida acompañada de *tesgüino*, bebida hecha a base de maíz fermentado, de la región.

Organización Social

La base de esta organización es la familia nuclear integrada por padre, madre e hijos solteros; para el matrimonio se acude al casamentero o *mayori*, que hace los trámites con la familia de la muchacha, después de varias pláticas se fija la fecha y se realiza la ceremonia. El matrimonio por lo regular es monógamo, aunque se dan algunos casos de poligamia y las uniones no son estrictamente definitivas, pues en caso de conflicto cualquiera de los dos puede volver a casa de sus padres.

Cuando llega la muerte, el entierro tiene lugar en las cuevas, aunque debido a la influencia de la religión católica, cada vez se hace más uso del cementerio. Se siente temor de las personas recientemente fallecidas, ya que su espíritu permanece cerca de la que fue su casa y se tiene la costumbre de ayudarlos a realizar su viaje al más allá con tres fiestas funerarias para los hombres y cuatro para las mujeres; en esas fiestas se purifica y protege con curaciones rituales a los parientes del difunto, a sus animales y a su casa y realizan danzas como el *Dutúburi*, Los Matachines y La Pascola.

El compadrazgo o parentesco ritual tiene cierta importancia entre los tarahumaras que han aceptado la religión católica, aunque está limitado exclusivamente al bautizo.

Religión y Creencias

En su religión existe un sincretismo que se manifiesta en la presencia de elementos tanto antiguos como católicos, los tarahumaras que han aceptado esta religión y que han sido bautizados son llamados *conversos* y los

Indígenas tarahumaras de
Norogachic, Chihuahua

que rechazan el catolicismo se denominan *gentiles*. Tienen una concepción animista del mundo, pues dotan de espíritu a todo lo existente, y el sincretismo antes citado se manifiesta en los dos tipos de ceremonias que realizan con mayor frecuencia, por un lado las de la iglesia que se llevan a cabo en los pueblos, en las que intervienen palabras y conceptos como Jesús, María, Dios, infierno, pecado, la utilización del rosario, el crucifijo y el signo de la cruz, con lo que conjugan el ritual, la danza y otras características propiamente indígenas.

Por otra parte están las reuniones propiciatorias llamadas *tónares* en las que se hacen ofrendas y se consume gran cantidad de *tesgüino;* las ceremonias en las que se rinde culto a los astros, al dios creador *onorúame* (en ocasiones asociado con el Sol), y su contraparte *evéruame* (la Luna), las dedicadas a los difuntos y a los animales asociados con ellos, como el búho (para el alma de un varón difunto), la zorra (para la mujer) y los pájaros (para los niños).

De gran importancia ritual es la danza de la lluvia, denominada *Dutúburi,* así como el sacrificio de animales, las ofrendas de la bebida de maíz fermentado, la música de flauta y tambor. Hacen ceremonias para pedir la curación de enfermedades, salud para sus animales, lluvia suficiente, cuando aparecen los primeros frutos y en la época de la cosecha. El concepto del diablo cristiano ha llegado a tener relevancia y, parece asociarse con un ser maligno nativo, que mora en una cueva y puede llevarse las almas de los seres humanos, causándoles diversas enfermedades.

Una de sus creencias principales se refiere al concepto del alma, relacionada con su pérdida, que es una de las causas de la enfermedad, provocada por contacto con los seres malignos, las almas de los recientemente fallecidos o por brujería. Para recobrar la salud se recurre a los especialistas llamados *owirúame* quienes realizan rituales con sacrificios de animales, cantos, danzas y *tesgüino* para los asistentes. La curación también se hace por succión para extraer el mal, y existen shamanes que ingieren peyote y una vez bajo sus efectos, realizan el diagnóstico e indican el tratamiento.

Fiestas

Celebran la Semana Santa y la Pascua de Resurrección, la de la Virgen de Guadalupe y el Día de Muertos, en todas ellas además del rito católico hay danzas como los Matachines y la Pascola, así como música de sonajas, tambores y arpa.

Entre sus recreaciones sobresale la llamada Carrera de Bola, ya que son grandes corredores; esas carreras pueden durar algunas horas o uno o dos días sobre todo cuando participan corredores de diferentes pueblos. Los hombres, al correr, van aventando con el pie una bola de madera y la competencia recibe el nombre de *rarapípama,* se apuestan cobijas, dinero y distintos objetos al corredor favorito y los participantes son sometidos a un tratamiento especial que incluye la presencia de un shamán para dar protección mágica a los jugadores y, así evitar, que los contrincantes hagan uso de la brujería para propiciar su derrota. Las mujeres también suelen hacer carreras, a las que se denomina *ariweta* y a diferencia de las que corren los hombres, son más cortas y van empujando un aro con un palo.

Organización Política

Los pueblos tienen sus propias autoridades, hay un gobernador llamado *siriáme* que tiene varios ayudantes, tales como mayor, capitán, teniente, fiscal y soldados. Su elección se realiza por votación de los miembros de la comunidad, y se mantienen en sus puestos mientras los desempeñan satisfactoriamente. Los deberes del gobernador combinan las actividades políticas con las religiosas, ya que participa en la organización de las festividades e interviene como juez y mediador en los conflictos del pueblo, tiene injerencia en problemas de tierras, herencias, propiedad de animales y representa a su pueblo ante las autoridades del gobierno municipal.

Guarijíos

Generalidades

El grupo guarijío se asienta en el sureste de Sonora y el oeste de Chihuahua, su territorio es bastante accidentado, con alturas que alcanzan los 1,800 metros sobre el nivel del mar y barrancos profundos, clima seco, cálido y extremoso y sus tierras son atravesadas por el río Mayo en Sonora y por el río Chínipas en Chihuahua.

Los guarijíos no se encuentran registrados en los censos de población, sino dentro de las lenguas catalogadas como 'otras', pero se calcula que hay unos 3,000 hablantes de guarijío en los dos estados, idioma que está clasificado en el grupo Nahua-Cuitlateco, tronco Yutonahua, familia Pima-Cora y tiene tres variantes dialectales, una en Sonora y dos en Chihuahua. Sus casas son de forma rectangular, con paredes de varas entretejidas recubiertas con barro y techos de palma de dos aguas. Usan indumentaria de fabricación comercial, las mujeres vestidos de telas estampadas, huaraches y pañoleta en la cabeza, mientras que los hombres usan pantalón, camisa, huaraches y sombrero.

Economía

Su actividad primordial es la agricultura y sus cultivos maíz, calabaza y frijol y, otros de menor importancia, son arroz, tomate, lechuga y tabaco; en tiempos recientes se ha intensificado el cultivo del ajonjolí, los tres primeros son para el consumo familiar y los demás se destinan a la venta. Practican la recolección y la cacería como complemento de su alimentación, las familias poseen cabras y aves de corral; quienes carecen de tierras trabajan cuidando el ganado de los mestizos y a cambio reciben algunos animales, o se contratan como peones agrícolas en las fincas de los alrededores. Producen artesanías de palma tejida, objetos de barro, trabajos de madera y las mujeres elaboran cobijas de lana.

Organización Social

La unidad básica de su sociedad es la familia nuclear, aunque a veces cierto número de familias de este tipo residen en una zona cercana formando un grupo que se brinda ayuda en las labores agrícolas. Para concertar el matrimonio, los padres del joven visitan a los de la muchacha solicitando su anuencia para que el joven la visite, de ser así, el muchacho lleva regalos cada vez que va a verla, situación que puede durar tres o cuatro meses, hasta que se realiza la boda y la fiesta correspondiente.

La muerte de una persona trae consigo el velorio y el entierro después del cual se llevan a cabo durante un lapso de tiempo, seis velaciones para rezar por la persona fallecida. Las relaciones del compadrazgo no llegan a tener mucha relevancia y, generalmente, los padrinos de bautizo y de matrimonio se seleccionan entre los propios parientes.

Religión y Creencias

La religión de los guarijíos, debido tal vez a sus antiguas costumbres nómadas, es sumamente simple, celebran algunas fiestas del santoral católico, destacando la de San Isidro Labrador, que tiene como finalidad específica el pedir lluvias para lograr cosechas abundantes. Los únicos especialistas del grupo en este sentido son los ancianos que saben diversas oraciones y a quienes se denomina rezadores, que hacen las velaciones para una persona fallecida o para dar gracias a algún santo por los favores recibidos en las que sólo participa la familia directa del interesado.

Fiestas

Celebran algunas fiestas del santoral católico, organizadas con la cooperación económica de la comunidad, en ellas hay música de violín y arpa y danzas como La Pascola y La Tugurada. Entre sus fiestas están la Santa Cruz, San Juan, San Miguel Arcángel y Todos Santos y los Fieles Difuntos, así como la de San Isidro Labrador, ya mencionada.

Organización Política

No existe una organización política tradicional debido seguramente a su tipo de vida nómada anterior, ahora están representados por dos gobernadores que llevan a cabo los trámites con las autoridades municipales y solucionan sus problemas internos; hay representantes ejidales para sus asuntos de tierra y su única autoridad propia está representada por los ancianos que son consultados en problemas de diversa índole.

Coras

Generalidades

Los coras se asientan hacia el norte de Nayarit, en un territorio montañoso que forma parte de la Sierra Madre Occidental, que en este sitio toma el nombre de Sierra de Nayarit, con barrancos profundos y alturas que fluctían entre los 2,000 y 2,500 metros sobre el nivel del mar. La mayor parte de los asentamientos coras están en la zona cálida, cerca de las márgenes de los ríos, el clima varía del tropical cerca de la costa al templado-frío en las zonas de mayor elevación, siendo sus centros de población más importantes Jesús María, Rosarito Saycota, Santa Teresa, San Juan Corapan y San Pedro Ixcatlán.

El número de hablantes de idioma cora ascendía en 1980 a 11,518, dicha lengua está clasificada en el grupo Nahua-Cuitlateco, tronco Yutonahua, familia Pima-Cora y tiene dos variantes dialectales, la que se habla en la Mesa del Nayar y la de San Pedro Ixcatlán. Sus casas son de planta rectangular, con materiales que cambian según la región de que se trate, las hay hechas de madera o caña, de adobe o piedra y lodo, o bien de palos recubiertos con bajareque, todas con techos de zacate que pueden ser de dos o cuatro aguas. Tanto hombres como mujeres empiezan a vestir prendas comerciales, pero es más común que las mujeres usen falda larga con

olanes de tela estampada, blusa de manga larga con adornos de colores y huaraches, mientras que los hombres
usan calzón de manta blanca, ceñidor, pañuelo rojo o
azul en el cuello, huaraches, sombrero y en la zona fría
llevan una cobija de confección casera o comercial.

Economía

La actividad primordial de los coras es la agricultura;
en las dos zonas cultivan maíz, calabaza y frijol, y en la
parte baja de clima templado siembran también diversos
frutales. Crían vacas, ovejas, cabras, caballos y mulas en
escala reducida, así como aves de corral; se dedican al
comercio en pequeñas tiendas o de manera ambulante y
muchas veces llevan a cabo emigraciones temporales
hacia las poblaciones costeñas para contratarse en las
fincas como peones agrícolas. Las artesanías que elaboran son generalmente para el uso familiar, aunque a
veces las venden, hacen cobijas de lana, blusas de algodón bordadas, artículos de barro, tejidos de ixtle y objetos de piel.

Organización Social

El grupo social más importante es la familia nuclear
constituida por los padres y los hijos solteros. Para contraer matrimonio los padres del joven hablan con los de
la muchacha con objeto de llegar a un acuerdo, después
se realiza la ceremonia y una pequeña fiesta para los
familiares de los contrayentes.

En ocasión de la muerte se hace el velorio y al día
siguiente el entierro; después de cinco días tiene lugar
una ceremonia para alejar al espíritu del muerto, para
ello se reunen los parientes, amigos y el shamán quien
llama al alma que ha permanecido ese tiempo en los alre-

dedores de su casa, reza y le indica que debe despedirse de sus familiares, éstos colocan tamales para que el difunto los lleve en su viaje, el shamán limpia la casa con su plumero ritual y la rocía con agua bendita, así el alma queda libre para emprender su viaje hacia una montaña situada en el noroeste donde residirá en el futuro; al infierno sólo van las almas de los que han sido malos en vida.

Religión y Creencias

La religión cora presenta un sincretismo de sus creencias antiguas y las católicas, muchas de sus deidades nativas siguen siendo veneradas, pero se les asocia con santos católicos, *Tayao* (el abuelo Sol o abuelo fuego) se equipara con Dios Padre, *Tahás* (es Venus y se denomina "hermano mayor") se relaciona con el Arcángel San Miguel, y *Tati* (la madre de la tierra, deidad del maíz y la vegetación) es asociada con la Virgen María, a ellos recurren y les hacen ceremonias para conservar o recuperar la salud, para que haya lluvia y buenas cosechas.

Las ceremonias para los sobrenaturales se hacen en cuevas y montes, participan todos o la mayor parte de los miembros de la comunidad, dirigidos por un shamán, quien hace los rituales y eleva peticiones en beneficio del grupo. Piensan que la enfermedad es enviada por los dioses a quienes no se ha reverenciado de manera debida, por las almas de los difuntos o por efectos de la brujería. Para el diagnóstico los shamanes entran en trance mediante cantos rituales, sueños o ingestión de peyote, con objeto de ponerse en contacto con los sobrenaturales que le indican la forma de curación, la cual puede ser la extracción de objetos extraños del cuerpo, los soplidos de humo, las "limpias" con el plumero ritual y el uso de plantas medicinales.

En la organización religiosa tradicional hay distintos cargos que se cumplen de manera escalafonaria, como fiscales, mayordomos de los santos, los *tenanchis* que ayudan a los anteriores y los *centuriones* que organizan la fiesta de Semana Santa.

Fiestas

Sus festividades están asociadas con el calendario católico, como Semana Santa, Corpus Christi, Santiago Apóstol, la Virgen del Rosario, la Virgen de Guadalupe y la de los Muertos. La más relevante es la Semana Santa que se hace en el pueblo de Jesús María con la representación de la Pasión interpretada por los propios miembros del grupo. Pero, también llevan a cabo "mitotes", fiestas relacionadas con la agricultura, en las que los shamanes cantan y elevan oraciones para las deidades de la lluvia. Otras festividades agrícolas son la "fiesta de la chicharra" en junio, la "de la siembra" también en junio, la "del crecimiento del elote y la calabaza" en octubre y la "del esquite" que se celebra en enero, una vez pasado el Año Nuevo.

Organización Política

Siguen los lineamientos constitucionales que rigen a todo el país, pero paralelamente con ellos, funcionan las autoridades tradicionales como el consejo de ancianos (llamados *bausi*), el gobernador primero (*Tatuan*) con deberes políticos y religiosos que es la máxima autoridad, los topiles o ayudantes del anterior, el teniente o gobernador segundo, dos jueces con sus ayudantes los alguaciles, el alcalde que es el jefe de los jueces y ocho justicias que representan a los barrios y transmiten las instrucciones del gobernador.

Huicholes

Generalidades

El grupo huichol habita en el norte de Jalisco y en el este de Nayarit, en una zona montañosa atravesada por parte de la Sierra Madre Occidental, con barrancas profundas, elevaciones hasta de 3,000 metros sobre el nivel del mar y cañones por los que transitan ríos; el clima tiene variaciones de una a otra zona, aunque por lo regular es moderado, seco en las partes altas y caluroso en las bajas. Sus centros de población más importantes son San Andrés Cohamiata, Santa Catarina Coexcomatitlán, Tuxpan de Bolaños, Guadalupe Ocotlán y San Sebastián Teponahuatla, de los que dependen pequeños pueblos y rancherías.

En 1980 vivían en Jalisco 40,777 y en Nayarit 8,742 o sea un total de 49,519 hablantes de idioma huichol, el cual está clasificado en el grupo Nahua-Cuitlateco, tronco Yutonahua, familia Pima-Cora, este idioma tiene pequeñas variantes dialectales que no entorpecen la comunicación entre sus hablantes. Sus casas son de forma rectangular, con paredes de carrizo entrelazadas, piedras y lodo, o adobe, con techos de paja, aunque los materiales pueden variar según la región de que se trate.

El vestido de las mujeres es más sencillo que el de los hombres, ellas usan falda larga amplia, blusa de tela comercial, *quechquémitl* y paliacate en la cabeza. Mientras que los hombres utilizan diferente indumentaria los días de fiesta y los comunes y corrientes. El que se usa todos los días consta de pantalón y camisa de manta lisa o con algunos bordados, faja y sombrero, y el de las festividades es mucho más elaborado, llevan pantalón largo con bordados en la orilla de las piernas, camisa bordada con diseños geométricos, una especie de capa triangular blanca con orilla de franela roja, paliacate en el cuello, faja, cinturón con bolsitas tejidas, sombrero adornado con plumas, al que aquellos que ya han participado en la peregrinación del peyote añaden colas de ardilla.

Economía

La agricultura es su actividad básica: siembran maíz, frijol y calabaza para el consumo; crían además, vacas y ovejas, de las primeras obtienen leche para hacer quesos y de las segundas aprovechan su lana; también se dedican al comercio sobre todo de animales y a la elaboración de artesanías como jícaras votivas, tablas decoradas con estambres, tejidos de lana y algodón, sombreros de palma, "ojos de dios" con estambres de colores, aretes y pulseras de chaquira y equipales e instrumentos musicales pequeños que usan en sus festividades.

Organización Social

El grupo acepta la poligamia y un hombre vive con sus esposas e hijos, sus hijos casados y en ocasiones sus hermanos y sus respectivas esposas, por lo que las familias extensas conforman la célula de mayor importancia dentro de su sociedad. Los arreglos para el matrimonio los hacen los padres del joven visitando varias veces a la familia de la muchacha para llegar a un acuerdo, la ceremonia tiene lugar a la manera tradicional y en ella los padres o el más anciano de la familia

Huicholes de Tuxpan de Bolaños, Jalisco

aconseja a la pareja, parten en dos una tortilla y le dan una mitad a cada uno de los contrayentes.

A la muerte de una persona se hace un velorio, en la caja colocan tortillas y otros alimentos y el entierro se lleva a cabo en el panteón del pueblo; al quinto día después de la muerte hacen una ceremonia para que el alma del difunto se aleje de su casa y se dirija a su destino final. Durante esos cinco días el alma vuelve a pasar por todo lo que vivió en la tierra; en la "ceremonia del alma" las pertenencias del difunto se ponen en una plataforma de cañas y el *maracáme* o shamán en estado de trance va siguiendo al alma y va guiándola por los sitios que debe atravesar en los que también debe alimentar a distintos animales, mientras el shamán va relatando a los asistentes las dificultades por las que pasa el alma, después la atrae con su plumero sagrado para que coma los alimentos que se le ofrendan y para que se despida de su familia, entonces el alma aparece en forma de insecto y luego emprende su viaje al más allá.

El compadrazgo tiene importancia únicamente en ocasión del bautizo por la iglesia católica, o bien en los casos en que el matrimonio se hace de acuerdo a estas normas y en esos casos los padrinos se seleccionan entre los miembros del mismo grupo familiar.

Religión y Creencias

La religión huichola es una de las que mantienen muchas de sus creencias antiguas, a las que se aunaron algunos elementos católicos, se rinde culto a los santos y se les invoca para pedir su ayuda, pero conservan a sus deidades nativas, a las que se refieren con términos de parentesco, se les llama "Nuestro Abuelo Fuego", "Nuestro Abuelo Sol", "Nuestra Madre Tierra", "Nuestras Tías" (la diosa de la lluvia y la del mar) y "Nuestros Hermanos" (el maíz y el peyote) y una de sus deidades sobresalientes es Nakawé, la diosa de la fertilidad.

Las ceremonias en honor de las deidades son dirigidas por los shamanes, denominados *maracámes* quienes cantan, rezan y hacen uso de su plumero ritual que está confeccionado con plumas de halcón, animal considerado sagrado, para comunicarse con los dioses, para pedir protección, tener salud o recuperarla y para que haya lluvia y buenas cosechas. Los *maracámes* son personas respetadas, conocen los mitos y las tradiciones del grupo, cantan y rezan durante las celebraciones y tienen a su cargo la realización de ceremonias de curación, pues las enfermedades son enviadas por deidades que han sido ofendidas o por la brujería.

Para el diagnóstico el *maracáme* ingiere peyote y canta para entrar en contacto con los sobrenatural, o puede llegar a él a través de sueños, y una vez que conoce la causa pone en práctica el tratamiento, a base de "limpias" con su plumero ritual, succión de objetos que se han introducido al cuerpo, soplar humo de tabaco en las partes afectadas, aunado todo ello con el peregrinaje a los sitios donde residen los sobrenaturales ofendidos para llevarles ofrendas y la realización de rituales especiales para alejar el efecto de la brujería, así como el uso de hierbas medicinales.

La profesión de *maracáme* es hereditaria. El padre enseña a uno de sus hijos los cantos sagrados y la manera de hacer los rituales, lo lleva en seis ocasiones al mar y para la última se completa su tratamiento. Entre las obligaciones de los *maracámes* está la organización de la peregrinación anual a Wirikuta, localizado en Real del Catorce, San Luis Potosí, que es el lugar mítico del nacimiento de sus dioses, adonde se dirigen en compañía de un pequeño grupo para recolectar el peyote que usarán después en sus ceremonias.

Las iglesias y ermitas cuentan con un mayordomo para atenderlas, las imágenes de los santos más relevantes también tienen mayordomo, que las cuida durante el año que están a su cargo.

Fiestas

Celebran algunas fiestas del santoral católico, como la Semana Santa, el jueves de Corpus, la de San Francisco de Asís y la de la Virgen de Guadalupe, pero las más significativas son las de los ritos agrícolas para Nakawé la diosa de la fertilidad, la del "Maíz Tierno", la de "Los Jilotes", la del "Maíz Tostado", la de las "Calabazas Tiernas", la de la "Curación de la Tierra", y especialmente la que se hace para la petición de lluvias.

Organización Política

Se encuentran asentados en cinco comunidades que poseen un sistema de gobierno tradicional en el cual hay gobernador, juez, capitán y alcalde, cada uno con sus ayudantes. Cada año se lleva a cabo el cambio de autoridades en la ceremonia denominada "Cambio de Varas" en la que los salientes hacen entrega de los cargos a los nuevos, seleccionados por quienes terminan, previa autorización del *kawitero*, anciano que sueña si esas personas serán aptas para el cargo. Las autoridades tradicionales mantienen contacto con las municipales, ya que uno de los primeros funge como juez auxiliar en el municipio al que pertenece su comunidad, y otro de ellos se hace cargo de los asuntos relacionados con sus tierras. Los ancianos que han cumplido con todos los cargos civiles forman un consejo entre cuyas funciones está el tomar decisiones en asuntos que atañen a toda la comunidad.

Nahuas

Generalidades

El grupo nahua es el más numeroso de México, aunque no conforma una unidad política, pues sus miembros viven en diferentes estados del país; en Puebla donde hay 369,678, Veracruz con 347,597, Hidalgo que cuenta con 177,902, Guerrero con 128,192, San Luis Potosí donde habitan 127,319, el Distrito Federal con 83,064, Tlaxcala donde hay 26,072, Morelos con 24,067 y el Estado de México que tiene 22,689, principalmente, aunque también en Oaxaca donde hay 4,524, Jalisco que tiene 2,941 y Michoacán con 2,956, o sea que en el Censo de 1980 el número de hablantes de nahua era de 1'317,001 personas.

Debido a su amplia dispersión las zonas geográficas en que viven difieren bastante; hay sierras altas y frías, planicies, bosques y zonas cálidas y templadas, presentan también diferencias en su forma de vestir, en sus patrones de subsistencia y en algunas características culturales, siendo su elemento de unión primordial el idioma que hablan, o sea el nahua, que pertenece al grupo Nahua-Cuitlateco, tronco Yutonahua, familia Nahua; lengua llamada genéricamente "mexicano" por sus hablantes, que tiene variantes dialectales, como el náhuatl clásico que se habla, de manera modificada, en Xochimilco y Milpa Alta en el Distrito Federal; la del Valle Poblano-Tlaxcalteca; la de Morelos; la del oeste de la zona nahua, y los denominados dialectos "t" (o nahuat) como el del sur de Veracruz, y es significativo que, a pesar de sus diferencias, es comprendido por los hablantes de las distintas regiones.

Las casas varían de una región a otra, aunque por lo general son de planta rectangular, con paredes de adobe y techos de teja, en muchos casos cuentan con patio bardeado con pencas de maguey, varas o piedras, en el que están el corral, la troje o *cuezcomate* alto y redondeado, hecho con adobe y al que se tiene acceso con una escalera movible, y el *temazcal* también de adobe y de forma redonda con un sitio donde se enciende leña y piedras que cuando están calientes se les moja con agua fría para producir vapor, para que las personas suden y se usa principalmente para la curación de algunas enfermedades y para que se bañen las recién paridas. Hay sitios en los que la casa más común es el jacal hecho con varas, madera o pencas de maguey, y techos de palma o paja, y también con paredes de bajaraque o de adobe y techos de palma o teja, y los que viven en la ciudad de México en las delegaciones de Milpa Alta y Xochimilco, habitan en casas de ladrillo y materiales modernos.

La indumentaria es diferente de una región a otra, hay pueblos sobre todo en Morelos y en el Valle de México, en los que el vestido tradicional ha dejado de usarse, tanto entre los hombres como entre las mujeres, substituyéndose por prendas de manufactura comercial, éste es el caso de los que viven en las citadas delegaciones de la ciudad de México. Pero hay zonas en las que se sigue usando la indumentaria propia; los hombres en algunas regiones utilizan calzón de manta amarrado en la cintura y anudado en los tobillos, camisa de manta, faja, huaraches de suela de hule, sombrero de palma y en las partes

Mujeres nahuas de Cuetzalán, Puebla

frías cotón o poncho de lana, a veces substituido por un sarape.

Entre las mujeres nahuas se encuentran mayores variaciones en el vestido, hay sitios en los que usan blusa con bordados alrededor del cuello, falda larga y rebozo; en otras llevan el *cueitl* o chincuete, que es una especie de falda que se enreda en la cintura, faja de lana o de algodón, huipil blanco con adornos y el *quechquémitl* de forma triangular bellamente bordado. En la Sierra de Puebla las mujeres complementan su atuendo con un tocado de cordones de lana en la cabeza, al que se llama *maxtahual;* en Teziutlán y Zacapoaxtla, Puebla y en Morelos, llevan rebozo de color azul marino, característicos de estos lugares.

Economía

Todos los grupos nahuas basan su economía en la agricultura, siendo su cultivo básico el maíz, aunque también siembran frijol, calabaza y chile para el consumo familiar. En la Sierra de Puebla, Morelos, San Luis Potosí e Hidalgo hay además cultivos de tipo comercial como café, arroz y caña de azúcar para la elaboración de panela. Con cultivos secundarios siembran papa, ajo, cebolla, haba, alfalfa, trigo y frutales, y en casi todos los lugares es significativo el maguey para obtener aguamiel y, después de su fermentación, el pulque; el *quiote* (dulce que se hace con el tallo de la planta); utilizan su fibra para tejer diversos objetos, las pencas como material de construcción y con la pulpa hacen un papel grueso.

La mayor parte de las familias crían burros, caballos, bueyes y mulas para carga y tracción, así como cierta cantidad de ovejas, cabras, cerdos y aves de corral, y es frecuente que hombres y mujeres lleven a cabo emigraciones temporales a ciudades cercanas para trabajar como asalariados. Los nahuas que habitan en el Distrito Federal trabajan como asalariados y en menor número a la agricultura en pequeñas áreas cultivables y al comercio en baja escala.

Entre sus artesanías están los tejidos de algodón y lana en telares de cintura y de pie. Los tejidos de fibras vegetales y la elaboración de objetos de barro, principalmente de tipo utilitario, en lugares como Huejutla, Hidalgo; Huejotzingo, Zacatlán y San Martín Texmelucan, Puebla y Texcoco y Chalco en el Estado de México.

Organización Social

La unidad básica de la sociedad nahua es la familia nuclear, aunque también se dan casos de familias extensas; en términos generales, aunque con variaciones de un sitio a otro, para el matrimonio se contrata a un intermediario o se pide al padrino del muchacho que actúe como tal; se realizan varias visitas a la familia de la muchacha y cuando se llega a un acuerdo se fija la fecha de la boda. Hay lugares en los que, a partir de entonces, el muchacho debe prestar sus servicios a sus futuros suegros, hasta que se lleva a cabo la ceremonia.

A veces la muchacha pasa la noche anterior a la boda con su madrina, quien se encarga de peinarla, por lo regular el matrimonio se hace por la iglesia y por lo civil, después hay una comida en casa de ella, luego otra en casa de él acompañada por música y baile, reciben a los novios con flores e incensarios prendidos y tanto sus padres como los ancianos de sus respectivas familias les dan su bendición y consejos. En mayor o menor grado, el matrimonio sigue realizándose con las características mencionadas, pero debido a lo complicado de los trámites, y sobre todo, al alto costo de las fiestas, hay parejas que se fugan y después regresan a solicitar el perdón de sus familiares.

El compadrazgo es una institución social sumamente importante, ya que establece lazos de unión y respeto permanentes, los padrinos de mayor significación son los de bautizo, siguiéndoles los de confirmación y matrimonio, aunque también se eligen padrinos de primera comunión, escapulario, para la imagen de un santo y para la bendición de una casa.

La muerte se acompaña de un importante ritual, en algunos sitios riegan agua bendita y queman copal en el lugar donde falleció la persona y visten el cuerpo con sus mejores ropas; en otros el muerto es enredado en un sarape espolvoreado con sal, o se rocía con agua bendita para evitar que los malos espíritus puedan perturbar el alma. El cadáver se coloca en la caja, cerca de la cual ponen velas e incensarios para prender copal, en el velorio ofrecen café, comida y bebida y el rezandero eleva oraciones. Antes de que salga el cortejo fúnebre se canta el "despedimento" en el que a nombre de la persona fallecida se le va despidiendo de todo y de todos a los que conoció en vida, en algunos sitios lo llevan a la iglesia para celebrar una misa de cuerpo presente y enseguida lo entierran.

En los nueve días siguientes al deceso elevan oraciones; hay lugares en los que al noveno día levantan una cruz de cal o ceniza y flores que se puso en la casa desde el día de la muerte, y muchas veces eligen a un último padrino del difunto para que lleve la ceniza y una cruz de madera o fierro a la sepultura. El concepto sobre la vida en el más allá está matizado por las creencias católicas, al cielo donde reina Dios y los santos van las almas de las personas buenas; el purgatorio es para expiar las culpas y la mayoría de las almas pasan allí cierto tiempo; el infierno o inframundo es donde los diablos torturan a los que hicieron brujería o tratos con el demonio, y el limbo es un sitio de obscuridad destinado a los niños que mueren sin haber sido bautizados. Hay pueblos en los que aquellos que fallecieron en accidentes o asesinados son considerados fantasmas que vagan en las noches asustando a los vivos, o si alguien muere sin pagar sus deudas o sin cumplir sus promesas a un santo sigue en la tierra, sin descansar, hasta que sus familiares arreglan lo que haya dejado pendiente.

Religión y Creencias

Son católicos, aunque en su religión hay supervivencias de sus creencias prehispánicas, pero ambas se han fusionado a tal grado, que es difícil separarlas o distinguirlas en forma precisa debido a que después de la Conquista los nahuas fueron quienes sufrieron más pronto y más de cerca las consecuencias de la evangelización; los cristos y santos son sobrenaturales de gran relevancia, entre los que destaca el santo patrón de cada localidad, al que acuden en épocas de problemas y les dedican una celebración anual, sin embargo los santos no sólo ayudan, sino que pueden castigar a quienes no les rinden el culto debido. Las peregrinaciones son importantes, sobre todo entre los que habitan en el centro de México, pues van a diferentes santuarios, como el de la Virgen de Guadalupe en la ciudad de México, el de San Miguel del Milagro en Tlaxcala, el del Señor de Chalma en el Estado de México y el del Señor del Calvario en Puebla, para pedir o agradecer favores, curación de enfermedades o buenas cosechas.

Los ritos agrícolas tienen relevancia: el 25 de mayo

en la fiesta de San Isidro Labrador, en algunos pueblos, los bueyes se llevan en procesión y se hace la bendición de las semillas; el día de San Juan Bautista, 24 de junio, hay ceremoniales relacionados con las cosechas y ambos santos están asociados con la lluvia. En muchas comunidades nahuas, especialmente en Tlaxcala y Puebla, hay especialistas que piden lluvia haciendo ceremoniales en las montañas, como la Iztaccíhuatl y La Malinche, con ofrendas para Dios y los santos, y otros especialistas llamados "graniceros" llevan a cabo rituales para conjurar tormentas y granizo que pueden dañar a las cosechas.

Entre los sobrenaturales que amenazan a los humanos, uno de los más populares es "la Llorona", llamada en nahua *Chihuachocani,* que se aparece vestida de blanco, con el cabello suelto, gritando por las noches "Ay, mis hijos", que es el fantasma de una mujer que mató o ahogó a sus hijos al ser abandonada por el marido o por el amante, y fue condenada a vagar cerca de lugares en donde hay agua hasta que pague su culpa, ser que evidentemente se asocia con la diosa mexica Cihuacóatl, que antes de la Conquista se aparecía lamentándose por la próxima desaparición de su pueblo.

Los sobrenaturales llamados *chaneques* habitan en los bosques y se aparecen a los hombres para asustarlos; la *Mazacatl* es una especie de hechicera que embruja a los hombres en los bosques, o en las calles solitarias durante la noche y los conduce a la muerte o a la locura. Los "pingos" son diablos que generalmente se aparecen vestidos de charros y ofrecen a los hombres riquezas a cambio de sus almas, los "aires" llamados en nahua *yeyecameh* son seres pequeñitos que habitan en los campos de cultivo, en los montes o a las orillas de los ríos, que pueden embrujar o causar enfermedades a las personas si éstas no les ofrecen cigarros, licor o comida.

También se habla de la existencia de brujas que se alimentan con sangre de los niños pequeños a los que causan la muerte, denominadas *tlahuelpuchi* y se asegura que hay brujos nahuales con la capacidad de transformarse en animales para causar daños.

Hay lugares en los que se cree desde el nacimiento, cada persona adquiere un animal compañero o *tona*, cuyos destinos están íntimamente unidos, pues lo que le sucede a uno repercute en el otro y si la tona es herida esto se manifiesta en la persona. La enfermedad puede ser provocada por causas naturales, pero también sobrenaturales, como el "espanto" o susto fuerte que ocasiona la "pérdida del alma", la "muina" o "mohina" debida a un gran enojo, el "mal aire" por contacto con seres asociados con este elemento, el "mal de ojo" causado por personas de mirada fuerte, y por la brujería. Una de las maneras de perjudicar a las personas a través de la brujería es parecida a la que se conoce en otras partes del mundo, ya que hacen muñecos a imagen y semejanza de las víctimas, que son más efectivas si tienen pedazos de uñas, cabellos o partes de prendas de vestir de quien se quiere dañar, a los que clavan alfileres o espinas de maguey.

Para diagnosticar y curar estos padecimientos se acude al curandero, o *tlamatqui*, que hace la interpretación para conocer las causas y lleva a cabo el ritual correspondiente utilizando, de acuerdo a localidad o zona de que se trate, ofrendas como licor, velas de distintos colores, chocolate, tamales, gallos o gallinas, oraciones, papel de diferentes colores y atole, que se colocan en cuevas sagradas. Otras técnicas son tomar el pulso, hacer "limpias", asegurarse de que los alimentos considerados como "fríos" y "calientes" se encuentren bien balanceados, y a través del uso de hierbas medicinales. Algunos grupos nahuas usan substancias alucinógenas tanto para diagnosticar y curar enfermedades como para resolver diversos problemas, entre ellas están el *ololiuhqui* semilla que pone al curandero en contacto con lo sobrenatural, y otros ingieren hongos alucinógenos, llamados *teonanácatl* u hongos divinos o sagrados, a los que también se da el nombre de tlacatzitzin (hombres pequeñitos) que crecen en los campos de cultivo y al tomarlos dan respuesta a distintos problemas e indican la forma de curar enfermedades.

El sistema tradicional de cargos religiosos siguen vigentes en algunas localidades, y los cargos cambian cada año, entre ellos están los mayordomos de los santos y otros que varían de un lugar a otro, y que se realizan de manera escalafonaria, entre los que están los fiscales, los mayores, los escribientes, los campaneros y los sacristanes.

Fiestas

En todos los pueblos nahuas celebran anualmente varias festividades del santoral católico; de especial significación son las del santo patrono de cada localidad, con procesiones, misas, danzas, música, mercados y venta de comida y bebida. La música tradicional se interpreta con *chirimía* (o flauta pequeña), *teponaztle* (tambor horizontal de madera) y *huehuetl* (tambor vertical de madera con cubierta de cuero), aunque también hay música interpretada por bandas locales. Las danzas tienen carácter ritual y se llevan a cabo en el atrio de la iglesia para venerar a los santos. En el Valle de México destaca, entre otras, la de Moros y Cristianos, y en el estado de Puebla Los Voladores, Los Quetzales, Los Santiagos y Los Negritos, pero se ha señalado que en toda el área nahua se conocen alrededor de 300 danzas, que se interpretan en diferentes celebraciones y, desde luego, en distintas comunidades.

Otras fiestas son la Candelaria, la Semana Santa, la Santa Cruz, Corpus Christi, la de San José, la de Santiago Apóstol, la de San Miguel Arcángel, la Virgen de Guadalupe y la Navidad, teniendo cada una de ellas mayordomos para su organización. En toda la región destaca la del Día de Muertos que presenta un sincretismo de elementos prehispánicos y católicos, desde finales de octubre se preparan cortando el cempasúchil o flor de muerto, y adquiriendo en los mercados lo necesario para las ofrendas; el 31 de octubre se recibe a las almas de los niños o "angelitos" y el 1º de noviembre a las de los adultos, y se supone que las almas se llevan sólo el "aroma" de las ofrendas. El 2 de noviembre arreglan las sepulturas y en algunos sitios hacen velaciones que duran parte o toda la noche del 1º al 2 de noviembre.

Organización Política

Los pueblos nahuas siguen la organización municipal que rige al país, las autoridades o sea el presidente municipal y las personas que tienen otros cargos como mayor, juez, policía, topiles o mensajeros; residen en la cabecera y en cada pueblo hay un agente o ayudante municipal que se mantiene en contacto con las autoridades de la cabecera. En los pueblos más tradicionales siguen teniendo relevancia los ancianos o principales, para la solución de sus problemas a nivel interno, se les llama *tiaxcas* y tienen parte activa en la designación de las nuevas autoridades, cada vez que llega el término en el cual deben cambiar el gobierno.

4

Grupo
Maya-Totonaco

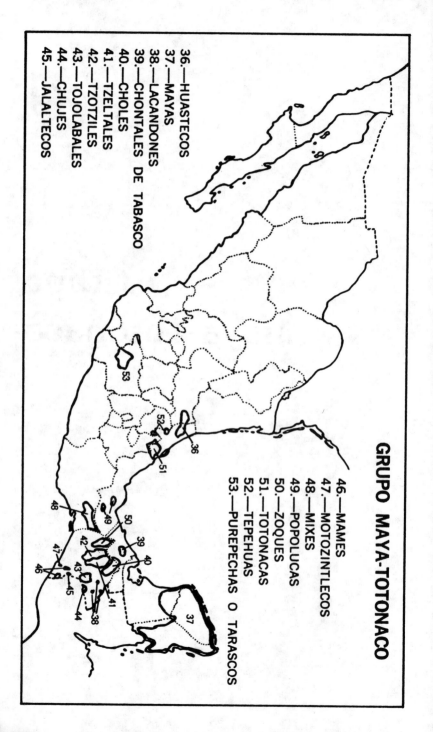

GRUPO MAYA-TOTONACO

36.—HUASTECOS
37.—MAYAS
38.—LACANDONES
39.—CHONTALES DE TABASCO
40.—CHOLES
41.—TZELTALES
42.—TZOTZILES
43.—TOJOLABALES
44.—CHUJES
45.—JALALTECOS

46.—MAMES
47.—MOTOZINTLECOS
48.—MIXES
49.—POPOLUCAS
50.—ZOQUES
51.—TOTONACAS
52.—TEPEHUAS
53.—PUREPECHAS O TARASCOS

Huastecos

Generalidades

La Huasteca es una amplia región geográfica que comprende parte de los estados de San Luis Potosí, Veracruz, Hidalgo y Tamaulipas, se le da ese nombre debido a que en la época Prehispánica estuvo habitada precisamente por los huastecos; con el paso del tiempo la población fue disminuyendo y ahora los huastecos se asientan en su mayor parte en el noreste de San Luis Potosí y el noroeste de Veracruz y en menor número en las zonas colindantes de Tamaulipas e Hidalgo. Su territorio en San Luis Potosí es montañoso con algunos bosques, mientras que en Veracruz es plano con pocas elevaciones y el clima en ambos es tropical húmedo, con lluvias intensas durante el verano, existen algunos ríos y la fauna es rica y variada.

En 1980 había 100,467 hablantes de huasteco, asentándose 50,897 en San Luis Potosí, 47,584 en Veracruz, 1,913 en Tamaulipas y sólo 73 en Hidalgo, este idioma pertenece al grupo Maya-Totonaco, tronco Mayanse, familia Mayanse, subfamilia Yaxu, y carece de variantes dialectales por lo que sus hablantes se entienden bien aunque habiten en distintas regiones. A pesar de que el huasteco es del grupo Maya, sus hablantes se encuentran alejados geográficamente de otros del mismo grupo, se supone que antiguamente se hablaban estas lenguas en todo el litoral del Golfo de México y que con el tiempo desaparecieron.

La casa típica de la Huasteca es de forma redonda con techo cónico cubierto con palma, las paredes se hacen de varas que se atan con bejucos y se recubren con barro, bajo el techo se forma un tapanco que sirve para almacenar maíz y guardar objetos; actualmente, en algunos lugares, hay construcciones rectangulares, hechas con los mismos materiales. Las mujeres visten con falda amplia y larga de color negro, faja o ceñidor, blusa blanca, *quechquémitl* triangular bordado con hilos de colores sobre fondo blanco y bolsa igualmente bordada; los hombres jóvenes usan prendas de tipo comercial, mientras que la mayor parte de los ancianos conservan la indumentaria tradicional que consta de camisa y calzón de manta, ceñidor, sombrero de palma y morral de fibra natural.

Economía

La base de su economía es la agricultura, cultivan para su consumo: maíz, calabaza, frijol y camote, y para la venta frutales, ajonjolí y caña de azúcar y como cultivos de reciente introducción se encuentran el cacahuate y el arroz; cerca de la Sierra Madre Oriental, tanto en Veracruz como en San Luis Potosí, se cultiva café como producto comercial. En toda la región abunda el zapupe, planta fibrosa que se utiliza para hacer morrales, hamacas, mecates, etcétera, y en algunos lugares de San Luis Potosí se cultiva henequén cuya fibra también se usa para la elaboración de distintos artículos.

También se dedican a hacer panela, mediante la extracción del jugo de la caña en trapiches de madera de tracción animal, el jugo se cuece, se coloca en moldes y una vez cuajado lo usan para el consumo doméstico y para la venta. Las familias tienen unas cuantas cabezas de ganado mayor para el trabajo del campo y los trapiches y en mayor cantidad cerdos y aves de corral y hacen artesanías como tejidos de palma y de fibra de zapupe, objetos de barro que hacen principalmente las

Huasteco de Tancanhuitz,
San Luis Potosí

mujeres, asimismo tejen el *quechquémitl*, prenda de forma triangular con abertura para la cabeza, que usan como parte de su indumentaria.

Organización Social

La familia nuclear: padre, madre e hijos solteros, es la unidad básica de su sociedad; antiguamente los padres del muchacho seleccionaban a su futura esposa, pero ahora él es quien decide y sus progenitores hacen los trámites con los padres de la muchacha, visitándolos y llevándoles regalos, hasta que llegan a un acuerdo, el matrimonio se realiza tanto por lo civil como por la iglesia y es acompañado de una fiesta que costean los padres del novio.

Hace años cuando una persona fallecía se le vestía con las mismas ropas que había usado en su matrimonio, pero hoy en día se le pone indumentaria nueva y se hace el velorio, en algunas localidades se acostumbra poner en la caja un pequeño recipiente con agua, un trozo de tela, un rosario, algunas monedas, una vela bendita, granos de maíz y tortillas que el alma usará en su viaje al más allá; al noveno día después del fallecimiento se ofrece una comida y se lleva una cruz de madera o fierro a la sepultura.

El compadrazgo no llega a tener tanta relevancia como entre otros grupos indígenas y los padrinos se seleccionan sobre todo para el bautizo, la confirmación y el matrimonio.

Religión y Creencias

Practican la religión católica, rinden culto a Dios, a la Virgen y a los santos, aunque quedan algunas reminiscencias de sus creencias prehispánicas, hay sitios donde se venera a un dios llamado *Mam*, que significa viejo, el que se asocia con la fertilidad y las aguas, manda sobre las lluvias, el rayo, el viento y las tormentas, rinden culto al Sol que es una deidad masculina y a la Luna, su contraparte femenina, y llevan a cabo rituales para que la tierra sea fértil.

La explicación que se da a las enfermedades es de tipo mágico, se cree en el "mal de ojo", la "pérdida del alma" y la brujería, para la curación se acude a los curanderos que usan la técnica de succión para extraer objetos del cuerpo, las "limpias" para que los males sean absorbidos por las hierbas y animales con que se hacen y, cuando el caso lo requiere, utilizan plantas medicinales.

El sistema jerárquico religioso ha perdido mucha de su importancia, pero el templo y las imágenes religiosas son cuidadas por personas que designa el consejo de ancianos, existe el cargo de celador o mayordomo *ocoxmayul*, que organiza la fiesta del santo patrón con la ayuda económica de la comunidad y hay un *pixcal*, también llamado sacristán, que tiene el deber de encabezar los rosarios que rezan en distintas ocasiones.

Fiestas

Celebran algunas fiestas asociadas con el santoral católico, como la del santo patrón de cada pueblo, la Semana Santa, la Santa Cruz, la Navidad y la del Día de Muertos que es muy tradicional, y que por lo general se prolonga ocho días y hay ocasiones en las que continúa hasta fines de noviembre. En la mayoría de las festividades hay danzas como la de Los Huehues (viejos), Los Negritos, Las Varitas, La Malinche, Los Mecos y El Gavilán, esta última parecida a la del Volador del grupo totonaca, así como fuegos artificiales, rosarios y novenarios.

Organización Política

Todos los pueblos pertenecen a municipios que siguen los lineamientos del sistema constitucional del país, cada sitio tiene un presidente o un agente municipal, según su categoría política, así como con aprehensores o policías y ayudantes. El consejo de ancianos aún tiene relevancia en todos los pueblos; está constituido por aquellos hombres que cumplieron cargos importantes y acuden a ellos cuando hay problemas, y siguen realizando las *faenas* o trabajo comunal para el beneficio de la colectividad.

Mayas

Generalidades

Los mayas habitan en la península de Yucatán, en los tres estados que la conforman: Yucatán, Campeche y Quintana Roo, la península es una planicie calcárea, con pocas elevaciones, suelos permeables en los que por filtración de la lluvia hay corrientes subterráneas y cavernas con agua que, al caer la parte que las cubre, forman cenotes. Yucatán y Campeche tienen muy pocas elevaciones, en Campeche hay algunas selvas, llanuras semiáridas y bosques, mientras que en Yucatán predominan los chaparrales, y en ambos sitios el clima es caliente y húmedo. En Quintana Roo, en cambio, hay elevaciones que alcanzan los 300 o 400 metros sobre el nivel del mar, bosques, valles y algunas zonas pantanosas y su clima también es cálido y húmedo.

En 1980 había en toda la península 630,008 hablantes de maya, 480,422 en Yucatán, 69,373 en Campeche y 80,213 en Quintana Roo, este idioma es denominado por los especialistas Maya Peninsular y pertenece al grupo Maya-Totonaco, tronco Mayanse, familia Mayanse, subfamilia Yax, y a diferencia de lo que ocurre en otros sitios del país, el maya en Campeche y Yucatán no lo habla sólo la población indígena sino también los demás habitantes quienes lo consideran como un elemento de prestigio, en cambio en Quintana Roo lo hablan únicamente los indígenas.

Sus casas en los tres estados tienen forma ovalada, con paredes de varas entretejidas, que en Yucatán y Campeche se recubren con barro y se pintan con cal, y techos de palma o guano.

El traje de la mujer en Campeche y Yucatán consta de Huipil de algodón con tiras de flores bordadas a mano o a máquina alrededor del cuello y en la parte inferior, enagua, rebozo y generalmente van descalzas, aunque en ocasiones usan unos zapatos de suela delgada y sin tacón. Los hombres visten con calzón corto que se cubre con una especie de delantal, camisa de manga corta, sombrero de palma y alpargatas de suela y correas, y en ocasión de las festividades llevan calzón largo, guayabera, pañuelo rojo en el cuello y alpargatas de tacón. En Quintana Roo los hombres visten con calzón corto, camisa con botones en la parte de enfrente, alforzas verticales y bolsas, alpargatas o sandalias y sombrero de palma, mientras que las mujeres llevan enagua, blusa larga llamada *hipik* o *hipil,* que es el mismo huipil de los otros estados, con flores bordadas en distintos colores alrededor del cuello y en la parte inferior, rebozo de seda o de algodón y generalmente andan descalzas, aunque a veces usan las pantuflas sin tacón típicas de la península.

Economía

En los tres estados se dedican a la agricultura como actividad básica, su cultivo primordial es el maíz, pero también siembran frijol, chile, calabaza, yuca, jícama, camote, melón, cebolla, jitomate y hierbas de olor y hay sitios en Yucatán y Quintana Roo en los que se siembra tabaco en pequeña escala. El cultivo del henequén, que tiene bastante importancia en los tres estados, sólo es plantado en algunas zonas habitadas por mayas, para obtener la fibra con que se tejen diversos artículos, aunque últimamente su utilización ha disminuido debido a la introducción de fibras sintéticas.

Crían cerdos y aves de corral y en algunos lugares tienen ganado vacuno en pequeña escala, asimismo hay pueblos donde crían abejas para la obtención de cera y miel; la caza y la pesca se realizan sólo para el consumo local. En Campeche y Quintana Roo se dedican a la extracción de chicle en áreas boscosas, y en Quintana Roo realizan emigraciones a Cancún en busca de trabajos asalariados.

Elaboran para consumo y venta artesanías como artículos de fibra de henequén y palma, bordados en tela de algodón, en Campeche tejen sombreros y otros artículos con fibra llamada "jipi" y hacen trabajos en carey; en Ticul, Yucatán se elaboran objetos de cerámica, mientras que en Quintana Roo hacen objetos de henequén y palma y las mujeres bordan prendas de vestir destinando sus productos para su propio uso.

Mayas de Yucatán

Organización Social

La unidad más importante del sistema social en toda la península es la familia nuclear, aunque también se dan casos de familias extensas. Para el matrimonio los padres del joven ya sea solos o acompañados por un intermediario, realizan visitas a la familia de la muchacha llevando bebida y cigarros, y en la última visita también pan y chocolate. En los tres estados hacen la ceremonia llamada *muhul* o "entrega de la dote" en la que el joven lleva a la novia diversos objetos, así como la comida y la bebida que consumen en esa ocasión, y allí se define el lapso de tiempo que el novio dedicará a ayudar a la familia de la muchacha en los trabajos agrícolas, lo que recibe el nombre de *hancab* o "trabajo del novio", con lo que el matrimonio queda establecido.

El compadrazgo es importante en lo que se refiere al bautizo por la iglesia y al bautizo tradicional llamado *hetzmek,* en éste se establecen lazos rituales con otra pareja, la ceremonia para las niñas se hace a los tres meses porque el fogón tiene tres piedras, y para los niños a los cuatro meses porque la milpa tiene cuatro esquinas; en esta oportunidad el infante es cargado por primera vez con las piernas abiertas sobre la cadera de su padrino o madrina, en *hetzmek* (o a horcajadas, que es lo que esa palabra significa), y se ponen en sus manos las herramientas de trabajo que usará cuando sea mayor según su sexo.

En ocasión de la muerte de un niño los asistentes al velorio rezan y los músicos tocan melodías, pues se trata de un ángel que irá directamente al cielo. Si el difunto es adulto sólo se reza, se sirve comida y bebida a los acompañantes y por lo regular el cuerpo se entierra con algunas de sus pertenencias. En varias ocasiones posteriores se hacen rezos acompañados de ofrendas de comida, pues se cree que el alma permanece cerca de su casa cierto tiempo y después emprende su viaje al más allá, que puede ser el cielo, el purgatorio o el infierno, según la conducta que se haya tenido en vida.

Religión y Creencias

Practican la religión católica, pero hay sitios en los que siguen rindiendo culto a deidades mayas prehispánicas, como los *chaques* o dioses de la lluvia, a quienes hacen una ceremonia anual llamada *Cha-Chaac* para que haya lluvia suficiente y tengan buenas cosechas. También veneran a los dueños de las cosas de la naturaleza, principalmente de los montes, llamados *Yumtzilob*; creen en la existencia de seres pequeños como el *alux*, ser travieso que habita en bosques y milpas, identificado muchas veces con los antiguos idolillos de barro que dicen cobran vida, y el *bokol-otoch* que penetra en las casas y hace ruidos para asustar a sus habitantes.

Hay otros sobrenaturales que toman la forma de bellas mujeres, a las que se denomina *Xtabay*, que moran en las ceibas y se aparecen a los hombres para seducirlos y robarles el alma. Lo sobrenatural es la causa de un buen número de enfermedades que aquejan al ser humano, que pueden ser provocadas por la "pérdida del alma", los "malos aires", el "mal de ojo", la brujería o cuando no mantienen el equilibrio entre los alimentos considerados "fríos" y "calientes".

Cada pueblo tiene un santo patrono y los miembros de las cofradías se encargan de cuidar su imagen y de hacer su fiesta, en algunos sitios hay maestros cantores que dirigen los rituales de menor importancia en la iglesia, y en otros hay rezadoras o sea mujeres que realizan esas mismas actividades.

La religión de los mayas de Quintana Roo, está fuertemente influenciada por elementos prehispánicos, la jerarquía más alta de la organización religiosa la tiene el Nohoch Tata o Gran Padre, cuya función es mantener los rituales para su cruz protectora. El culto a la "cruz parlante" que se comunica con los integrantes del grupo a través de sus sacerdotes, mediante mensajes escritos que están firmados por Juan de la Cruz Tata Tres Personas; data de 1850, cuando los mayas de Quintana Roo lucharon contra quienes trataban de desalojarlos de su territorio y fundaron Chan Santa Cruz, que se convirtió en su capital sagrada y en el santuario de la "cruz parlante" que antiguamente tenía el don de la palabra. Al igual que en los otros dos estados, el shamán denominado *H-Men* es quien realiza las distintas ceremonias, se entiende con los señores de la naturaleza llamados *Yumtzilob* y hace las ofrendas para los *chaques* o dioses de la lluvia en el ceremonial denominado *Cha-Chaac*.

Fiestas

En Yucatán y Campeche, además de las festividades para las antiguas deidades mayas, en el transcurso del año, se hacen algunas fiestas del santoral católico como las de los santos patronos de los distintos pueblos, la Semana Santa y la Santa Cruz, en las que hay música, feria y bailes entre los que destaca La Jarana en la que los hombres intercalan versitos llamados "bombas" dedicados a la mujer con quienes bailan. En Quintana Roo destacan las fiestas de la Santa Cruz con procesiones, bailes y corridas de toros, fiesta que coincide con el inicio de la temporada de lluvias, y el Sábado de Gloria, fecha en que se revive la costumbre de encender el fuego nuevo, llamado *Tumbul Kak*.

Organización Política

El sistema político tradicional ya ha desaparecido en Campeche y Yucatán y ahora se sigue el sistema de municipios que rige a la República Mexicana; mientras que en Quintana Roo en los pueblos indígenas de la parte central del estado hay cargos de comandante, capitán y sargento, que junto con el *Nohoch Tata,* los escribientes y los rezadores, conforman una especie de teocracia militar del pequeño cacicazgo que tiene su capital en X-Cacal que funciona internamente, pues por lo demás están también integrados a la administración municipal y sus pueblos dependen de la cabecera correspondiente.

Lacandones

Generalidades

Los lacandones habitan en Chiapas, en la llamada Selva Lacandona, situada en los límites de la frontera con Guatemala; geográficamente se subdividen en los del norte asentados en las orillas de las lagunas Nahá, Metzabok y Peljá; los del oriente o de Lacanjá cercano a Bonampak, y los que están situados al sur de los dos anteriores, llamados de San Quintín pues se localizan cerca del lago del mismo nombre. Viven en asentamientos dispersos que forman rancherías, a las que se llama *caribales,* en un medio ambiente de bosque tropical lluvioso y selva baja, con numerosos ríos y clima cálido con lluvias frecuentes.

Los hablantes de lacandón no han sido considerados en los censos, pero se calcula que en la época actual no son más de 300, su idioma está clasificado en el grupo Maya-

Totonaco, tronco Mayanse, familia Mayanse, subfamilia Yax, y tiene variantes dialectales menores que no impiden la comunicación entre los tres sub-grupos. Sus casas son de planta rectangular con paredes de troncos y techos de dos aguas, hechos con palma o *chapya* que se entrelaza con lianas. Las mujeres visten con una túnica larga blanca y falda larga detenida con una faja, mientras que los hombres utilizan también una túnica larga y ancha y en ocasiones llevan huaraches.

Economía

Su economía se basa en la agricultura, el maíz es su cultivo principal, pero también siembran calabaza, frijol, jitomate, plátano, chile, achiote, camote, aguacate, chirimoya y cacao para su propio consumo y tabaco para la venta a los mestizos. La pesca y la caza son actividades con las que complementan su alimentación, poseen gallinas, guajolotes y cerdos y crían abejas para la obtención de miel y cera. Entre sus productos artesanales, los hombres elaboran arcos y flechas tanto para su uso personal como para la venta en San Cristobal las Casas y Ocosingo en el mismo estado de Chiapas; hacen bolsas con pieles de animales, elaboran hamacas y redes, flautas de carrizo, muñecas de barro o de madera y decoran y pulen las jícaras que sirven para beber *balché*, que se hace con corteza fermentada y es una bebida ritual.

Organización Social

La unidad básica es la familia extensa, en cada *caribal* viven dos o tres hombres emparentados entre sí, con sus respectivas familias, entre los miembros del grupo se practica la poligamia, hay hombres que tienen dos o tres esposas quienes realizan las labores de la casa en forma

Lacandones de Lacanhá, Chiapas

conjunta. Cuando un joven desea contraer matrimonio, sus padres se encargan de realizar los trámites correspondientes, a través de visitas a los padres de la muchacha llevando obsequios para la novia y su madre; la ceremonia se hace en la casa de ella, en presencia de los progenitores de ambos y de los parientes cercanos y el padre de la muchacha da consejos al nuevo esposo.

Si muere uno de los miembros del grupo se le entierra vistiendo su túnica y enredado en su hamaca, poniéndole una jícara con *pozol* (bebida hecha con masa de maíz cocido), un pedazo de ocote, algunos granos de maíz, un mechón de cabellos y un hueso, objetos que le ayudarán a subsanar las dificultades que encontrará en el viaje que debe hacer y encima de la sepultura se hace una chocita con techo de palma entretejida. Se dice que el alma permanece un tiempo en el inframundo y luego se dirige al cielo donde mora *Hachakyum* su dios creador, pero si en vida robó o mató el alma puede ser sentenciada a permanecer para siempre en el inframundo, bajo las órdenes de *Kisin* dios de este lugar.

Religión y Creencias

Los rituales y ceremonias que hacen los tres subgrupos lacandones varían un poco de un sitio a otro y no hay en ellos elementos de la religión católica debido al aislamiento en que han permanecido desde la época de la Conquista. Las deidades que veneran, además de las dos ya citadas, son el "anciano señor de la lluvia" llamado *Nojoch Yum Chac*, el dios del norte *Yanthó*, así como *Usukum* y *U-yidzin* que se asocian a otros puntos cardinales no bien definidos. Los dioses se representan en los pebeteros con sus rostros moldeados en barro, o en pequeñas figuras del mismo material y se colocan en la choza ceremonial de cada *caribal,* en donde llevan a cabo las ceremonias para que haya buen tiempo, lluvias y buenas cosechas, así como otras dedicadas a la curación de enfermedades.

Conservan el culto a los antepasados, piensan que los humanos tienen dos almas: una inmortal que reside en el corazón y otra que se asienta en los pies y suele asustar a quienes transitan por los caminos, ya que durante la noche puede salir del cuerpo y tomar la forma de un ser viviente causando la muerte de quien la ve. Se cree que las piedras y otros objetos poseen espíritu y que las *Xtabay,* seres sobrenaturales en forma de hermosas mujeres de color rojo, se dedican a atraer a los hombres para tener relaciones sexuales con ellos y apartarlos de sus deberes rituales.

Fiestas

Todas sus fiestas se asocian con sus ceremonias prehispánicas, una de las más significativas es en la que se renuevan los incensarios y que hacen desde mediados de febrero hasta los últimos días de marzo, en ellas se rinde culto a los incensarios que ya fueron usados, ofrendándoles *pozol, balché* y tamales, y durante ese tiempo los hombres permanecen en la choza ritual y guardan abstinencia sexual.

Organización Política

A consecuencia de su aislamiento, los lacandones no participan en el sistema político municipal que rige al país, su antiguo sistema de gobierno tradicional ya ha desaparecido y en la época actual cada *caribal* es regido por el hombre más anciano, quien interviene en los problemas domésticos y su autoridad es aceptada por todos los miembros del *caribal*.

Chontales de Tabasco

Generalidades

Los chontales de origen maya habitan en el centro de Tabasco, en un territorio plano con pequeñas elevaciones pues sólo hay montes de poca altura en la zona de la sierra, con tierras fértiles, partes pantanosas, de clima cálido y lluvioso, atravesado por los ríos Usumacinta y Grijalva. En 1980 había 28,344 hablantes de chontal; este idioma que se habla en Tabasco está clasificado en el grupo Maya-Totonaco, tronco Mayanse, familia Mayanse, subfamilia Yax y cuenta con tres variantes dialectales que dificultan la comprensión entre sus hablantes.

Sus casas son de forma rectangular, con paredes de varas en ocasiones recubiertas con lodo y techos de palma. La indumentaria propia ha ido perdiéndose, la mayor parte de ellos, tanto hombres como mujeres, utilizan prendas de tipo comercial, y sólo las personas ancianas usan la ropa tradicional; las mujeres visten falda larga con olanes en el extremo, blusa de manga larga con bordados alrededor del escote y un pañuelo en la cabeza, en tanto que los hombres usan calzón de manta, camisa del mismo material de cuello redondo, sombrero de palma y huaraches.

Economía

La agricultura es su actividad básica, siembran maíz, calabaza, frijol, camote y yuca para el consumo familiar y sólo en la zona cercana a la costa cultivan cocoteros con fines comerciales. Hay quienes tienen cabezas de ganado vacuno, pues existen tierras de pastizales para su cría y todas las familias poseen cerdos y aves de corral. Complementan su alimentación con la pesca en los ríos que cruzan la región y elaboran artesanías como tejidos de palma, jícaras labradas y objetos de barro.

Organización Social

La base de su sociedad es la familia nuclear con los padres y sus hijos solteros. Para el matrimonio el novio o sus padres hacen la petición sin mayores formalidades, aunque también es frecuente que la pareja se fugue y forme una unión aceptada por la comunidad. Los niños son bautizados por la iglesia e igualmente se hace la ceremonia llamada *xek-meke* para despertar la mente del infante; se selecciona a un padrino o a una madrina, según se trate de un niño o una niña, que pone en las manos de la criatura los objetos que usará en la vida adulta, el padrino carga al niño a horcajadas sobre su cadera y le da tres vueltas alrededor del altar familiar.

La muerte da lugar a un velorio, visten al difunto con sus mejores prendas y lo colocan en un petate, luego lo pasan a una caja y lo llevan en procesión al panteón, y ocho días más tarde hacen una ceremonia en la que rezan por su alma. El compadrazgo que se establece por el bautizo, el matrimonio y el *xek-meke*, amplía las relaciones sociales y establece lazos de respeto y ayuda permanentes.

Religión y Creencias

Practican la religión católica, aunque matizada por restos de creencias asociadas con su antigua religión, creen en la existencia de los dueños de los montes y de los animales, que son cencebidos como duendes o seres pequeños, similares a los hombres pero con poderes sobrenaturales. Llevan a cabo rituales dirigidos por los rezanderos para pedir lluvia y fertilidad de la tierra, en los que rezan y ponen ofrendas principalmente de la bebida de maíz fermentado llamada *balché*.

En cada pueblo rinden culto al santo patrono respectivo y el grupo chontal en su totalidad tiene especial devoción por el Cristo Negro que se venera en el pueblo de Tila, en Chiapas, donde habitan los integrantes del grupo chol, y hacia ese sitio se dirigen en peregrinación para visitar el santuario y solicitar o agradecer favores al cristo.

Fiestas

Sus festividades más significativas son las de los santos patronos de cada pueblo, con música, danza, rezos y mercado.

Organización Política

Actualmente siguen los lineamientos municipales que rigen a toda la República y, como único elemento de su antigua organización, está el grupo de ancianos que forma un consejo que interviene en los problemas que afectan al grupo.

Choles

Generalidades

El grupo chol habita en el norte de Chiapas y en algunos sitios de Tabasco cercanos a la frontera entre ambos estados, en un territorio situado en la Sierra Norte de Chiapas, de clima templado y a veces frío, muy húmedo, surcado de numerosos arroyos y ríos, así como exuberante vegetación. En 1980 vivían en Chiapas 76,959 y en Tabasco 16,813, o sea un total de 93,772 hablantes de idioma chol, que se encuentra clasificado en el grupo Maya-Totonaco, tronco Mayanse, familia Mayanse, subfamilia Yax, que tiene tres variantes dialectales menores, que son comprensibles entre sí.

Sus casas son de varas recubiertas con una mezcla de barro, estiércol y paja, y techos de zacate con cuatro aguas. Los jóvenes de ambos sexos utilizan prendas de manufactura comercial, mientras que los hombres mayores y los ancianos siguen usando el traje tradicional que consta de calzón corto de manta, camisa del mismo material de manga larga, ceñidor azul o rojo y huaraches, en tanto que la mayor parte de las mujeres casadas y las ancianas llevan enredo azul y blusa blanca con bordados alrededor del cuello.

Economía

Su actividad económica primordial es la agricultura: cultivan maíz y frijol; en las zonas bajas caña de azúcar, arroz, ajonjolí y algunos frutales; en la sierra papa y café. Una buena parte de los productos los destinan a su propio consumo sobre todo por lo que al maíz y al frijol se refiere, y otros son básicamente comerciales. Algunas familias poseen ganado vacuno en cantidad reducida y casi todas tienen cerdos y aves de corral. Debido a la escasez de tierras cultivables muchos hombres emigran temporalmente a ciudades cercanas para contratarse como asalariados.

Organización Social

La unidad de su sociedad es la familia nuclear, aunque también se dan casos de familias extensas; para el matrimonio el padre del joven visita varias veces a la familia de la muchacha llevándole regalos para solicitar su consentimiento y establecer la fecha de la ceremonia que se realiza por lo civil y muchas veces también por la iglesia, y después de ésta ofrecen una comida. En tanto que la muerte de una persona se acompaña con el velorio en el que se elevan oraciones y el entierro en el panteón del lugar.

Religión y Creencias

Practican la religión católica pero aún conservan creencias asociadas con su antigua religión, veneran a seres sobrenaturales identificados con el Sol, la Luna y la lluvia, mientras que las cuevas y las montañas son consideradas como lugares sagrados puesto que allí moran los entes espirituales que controlan el viento, la lluvia y otros fenómenos de la naturaleza.

Se dice que las enfermedades son causadas por los espíritus a quienes no han rendido el culto debido; por nahuales cuyo dueño puede convertirse en animal a través del control de lo sobrenatural, o bien si alguien se asusta y pierde el alma. Para el tratamiento de estas enfermedades se recurre a los curanderos quienes hacen rituales, ofrendas y "limpias" para que el enfermo recobre la salud.

Los cargos de la organización religiosa han desaparecido y las mayordomías han perdido importancia debido a los fuertes gastos que implicaban, sin embargo aún existen mayordomos encargados de la atención del Cristo

Negro que tiene su santuario en Tila y es la imagen más venerada entre ellos.

Fiestas

Festejan las dedicadas a los santos patronos de los distintos pueblos y otras como el Carnaval en la que hay algunas danzas, la Semana Santa con procesiones y, la más relevante de todas es la del Cristo Negro de Tila, que celebran el día de Corpus, con mercado y feria, a la que no sólo asisten los choles, sino miembros de grupos indígenas vecinos.

Organización Política

Ahora se rigen por los lineamientos municipales y los puestos importantes de las cabeceras municipales por lo regular son desempeñados por mestizos de la zona, sin embargo en algunos pueblos todavía tiene cierta relevancia el consejo de ancianos o principales, conocedores de sus costumbres y tradiciones, a quienes se consulta para resolver problemas locales.

Tzeltales

Generalidades

Los tzeltales habitan en el centro y norte de Chiapas, en un territorio con distintas zonas geográficas, hacia el sur hay planicies, al norte pequeñas elevaciones y en el centro altas montañas y suelos escarpados. El clima varía del cálido en las zonas menos elevadas al frío en las de mayor altitud y en general en toda el área hay lluvias abundantes. Para 1980 se registraron 212,520 hablantes de tzeltal, siendo éste el mayor grupo indígena de Chiapas. Dicho idioma pertenece al grupo Maya-Totonaco, tronco Mayanse, familia Mayanse, subfamilia Yax, y no tiene variantes dialectales de significación, así que todos sus hablantes se comprenden entre sí.

Se asientan en diferentes comunidades denominados parajes, que a su vez pertenecen a distintos municipios; cada paraje tiene lazos religiosos con una cueva donde se guarda una cruz que es el símbolo sagrado de mayor significación para el grupo. Construyen sus casas con paredes de varas de otate recubiertas con lodo y techos de cuatro aguas que según la región pueden ser de tejamanil, palma o zacate, y a veces cuentan con un baño de vapor que recibe el nombre de *push*, de forma rectangular con techo plano, hecho con piedras y barro.

Tanto hombres como mujeres visten la indumentaria tradicional, que en cada comunidad tiene características propias, las mujeres usan falda larga de manta, blusa o huipil decorados con bordados de colores, faja de lana y a veces un paño del mismo material en la cabeza, en tanto que los hombres llevan calzón corto y camisa de manta, faja de lana o algodón, huaraches y sombrero de palma generalmente decorado con listones de colores, y en las zonas frías agregan una especie de poncho de lana.

Economía

La agricultura es su actividad económica básica, siembran maíz, calabaza, frijol, chile, algunos frutales y legumbres para el consumo familiar, en las zonas menos elevadas siembran también caña de azúcar, cacahuate y café que destinan a la venta. A nivel familiar crían borregos, cabras y aves de corral, en algunas zonas elaboran panela con el jugo de la caña de azúcar y parte de ese jugo lo destinan a la preparación de una bebida que, una vez fermentada, se llama "chicha". Las artesanías que hacen son los textiles, los tejidos en fibras naturales y en Amatenango del Valle elaboran objetos de barro. Debido a la baja productividad de la tierra y a lo escaso de sus ingresos muchos hombres emigran temporalmente a lugares cercanos para contratarse como peones agrícolas en las grandes fincas cafetaleras del Soconusco.

Organización Social

La unidad de su sociedad es la familia extensa constituida por el padre, la madre, los hijos solteros, los hijos varones casados con sus esposas e hijos y los hermanos del padre y sus respectivas familias. El matrimonio es arreglado por los padres del novio, haciendo visitas y llevando presentes a los de la muchacha, ellos a su vez deben consultar a los miembros más viejos de la familia antes de dar una respuesta y, cuando se llega a un acuerdo, el matrimonio tiene lugar en presencia de ambas familias. Después de la fiesta que se hace con motivo de la boda, el novio permanece un año aproximadamente en la casa de sus suegros ayudando en las labores agrícolas, trabajo que realiza como "pago por la novia", después la pareja vive con los padres de él y, un tiempo más tarde, si se llevan bien, el marido ofrece comida y aguardiente a sus suegros para realizar una fiesta llamada *mukel-ja*, que marca la unión definitiva de ambas familias.

Una mujer embarazada debe cuidarse de los "nahuales" pues éstos pueden hacer que pierda al niño, y los pequeños también son protegidos contra los nahuales y los malos espíritus para evitar que les roben el alma; los padres acuden a los especialistas para realizar la ceremonia denominada "sembrar el alma del niño", en la cual rezan y hacen ofrendas a los sobrenaturales para que lo protejan, en esta ocasión le dan un nombre, que se vuelve a imponer en el bautizo por la iglesia católica.

Cuando alguien muere, sus familiares bañan el cuerpo y le ponen ropas limpias, lo velan dos días y dos noches poniendo dos velas que se colocan en su cabecera; hay música y ofrecen "chicha" y aguardiente a los asistentes. En el entierro bajan el cadáver a la sepultura con la cabeza hacia el oeste, junto con algunos de sus objetos personales, agua, *pozol*, aguja e hilo y, aguardiente si el difunto es hombre. Creen que las personas tienen dos almas y al morir, una de ellas es llevada a la montaña por los nahuales para comérsela, mientras que la otra sigue las indicaciones del santo patrono del lugar.

El concepto de "nahual" entre los tzeltales difiere del que tienen otros grupos indígenas, pues todos los hombres que cumplen cargos importantes y todos los ancianos de las distintas familias extensas tienen un nahual, o sea que poseen la capacidad de transformarse en animales, truenos, relámpagos o viento para vigilar a los miembros de la comunidad y castigarlos si no cumplen con las reglas establecidas. Son precisamente estos nahuales los que en ocasión de un fallecimiento hacen una fiesta en el cerro para comerse una de las almas del difunto. Una vez al año los nahuales van al lugar llamado *Atimaltik* donde reside un anciano que posee el "Libro de las Vidas" en el que están registrados los nombres de todos los tzeltales y el tiempo que cada uno vivirá y durante la visita los nahuales se enteran de la identidad de las personas que morirán ese año.

Religión y Creencias

Practican la religión católica sincretizada con elementos de sus antiguas creencias, entre sus símbolos religiosos más importantes están la cruz, el santo patrono y otros santos; en sus oraciones y rituales mencionan a Dios Tatik Jesucristo y a sus trece fiadores (que son identificados con los santos). Rinden culto a una montaña llamada *Ikal Ajau*, situada cerca de Oxchuc, considerada montaña viviente y lugar sagrado, hacen rituales agrícolas para ofrendar a los sobrenaturales antes de la siembra y cuando se levanta la cosecha, las ceremonias son dirigidas por los ancianos que tienen cargos en sus comunidades.

Veneran a los "santos parlantes" que se sincretizan con las antiguas deidades mayas que tenían el don de la palabra, su culto tiene lugar en casas particulares, adonde acuden los fieles y explican al dueño sus problemas o petición, él habla con el santo detrás de una cortina y les indica las oraciones y ofrendas que deben hacer para que el santo les ayude.

Creen que las enfermedades son casi siempre producidas por factores sobrenaturales, bien sea porque se ha ofendido a alguna deidad o por la acción de un espíritu maléfico, pero más frecuentemente debido a la actividad de los nahuales que, como se dijo, poseen todos los hombres con cargos o que son cabezas de familia, los que transformados en animales o elementos de la naturaleza, vigilan el comportamiento de los miembros del grupo. Los especialistas "pulsadores" o los curanderos llamados *dzunubiles* se encargan de aplicar el tratamiento con ofrendas, rezos, "limpias", hierbas medicinales y baños de vapor según el caso lo requiera.

Fiestas

Sus fiestas más importantes son las de los santos patronos, organizadas por el capitán principal y sus ayudantes, en las que la imagen es lavada, arreglada y vestida con ropa limpia o nueva, y luego se lleva en procesión, mientras se deja en su sitio una imagen substituta, denominada *gelol*, para evitar que el santo de otro pueblo se lleve su poder en su ausencia. También celebran el Carnaval, la Navidad y el Año Nuevo, en esta última se hace el "Cambio de Varas", o sea la entrega del cargo que hacen los que terminan con esa obligación a quienes van a comenzarla.

Organización Política

Los municipios siguen los lineamientos de todo el país y las autoridades respectivas radican en las cabeceras municipales, pero todavía está vigente la organización tradicional con base en cargos escalafonarios y el más importante es el *katinab* o principal, desempeñado por un hombre de cierta edad. Los cargos relevantes del sistema cívico-religioso recaen en hombres reconocidos por su honestidad y su experiencia en los ceremoniales, y el "nahualismo" está directamente relacionado con el sistema de cargos, pues a través de la capacidad de transformación que tienen quienes los desempeñan, vigilan que se cumplan las normas establecidas por el grupo.

Tzotziles

Generalidades

Los tzotziles se asientan en el centro de Chiapas en la zona de Los Altos, y en el noroeste del mismo estado, cerca de la frontera con Tabasco; colindando al este con el territorio de los tzeltales con quienes están lingüística y culturalmente emparentados. Los tzotziles viven en un territorio con lomas, barrancas, elevaciones, cañadas, llanuras y valles, con clima templado y húmedo de lluvias frecuentes. En 1980 había 131,825 hablantes de tzotzil, idioma que pertenece al grupo Maya-Totonaco, tronco Mayanse, familia Mayanse, subfamilia Yax y tiene pequeñas variantes dialectales que no impiden la comunicación entre las personas de los distintos pueblos.

Construyen sus casas con los materiales propios de cada zona, en general son de forma rectangular, paredes de varas y lodo, madera, bambú, adobe o ladrillo, con techos de palma, zacate o teja, de cuatro aguas, siendo una de las diferencias más significativas de una comunidad a otra la forma en cómo está terminado el techo, y muchas cuentan con *temazcal* o baño de vapor llamado *push*. La indumentaria tradicional tiene variaciones de una a otra localidad, lo que hace que se conozca la procedencia de los individuos por el tipo de vestido, que llevan, aunque puede generalizarse diciendo que las mujeres usan blusa o huipil blanco con bordados de colores, falda larga de color obscuro, faja, pañoleta de manta en la cabeza y chal de forma cuadrada de lana o algodón. Mientras que los hombres usan calzón de manta, camisa del mismo material, faja de algodón o lana, huaraches, sombrero de palma adornado con listones a su alrededor y cotón o poncho de lana, también llamado chamarro.

Economía

Su actividad económica principal es la agricultura, cultivan maíz, calabaza y frijol para el consumo familiar y, dependiendo de la zona, también siembran para la venta, chile, algodón, trigo, café, caña de azúcar, jitomate, arroz, cebolla, ajo, maguey, chayote y frutales. La mayor parte de las familias poseen mulas, burros y caballos que usan para la carga, así como borregos, cerdos y aves de corral. Un buen número de hombres lleva a cabo la emigración temporal para contratarse como trabajadores agrícolas, principalmente en las grandes plantaciones cafetaleras del Soconusco. Las artesanías que elaboran son tejidos de lana y algodón, artículos de fibras naturales, objetos de barro, de madera, de cuero y, en menor cantidad, de piedra tallada.

Organización Social

Existen tanto familias nucleares como extensas; para el matrimonio los padres del joven o un mediador hacen la petición de la muchacha, a través de visitas en las que llevan regalos, que por lo regular son rechazados las primeras veces, pues una vez que se aceptan es indicio de que acceden a la petición; cuando se llega a un acuerdo, en la fecha fijada, el novio y su familia hacen su entrada formal a la casa de la muchacha, con lo que queda sellado el matrimonio, y luego se lleva dinero y regalos como "pago de la novia".

En ocasión de la muerte, colocan al difunto en un petate, con la cabeza hacia el oeste; una persona anciana del mismo sexo que el muerto lo lava y lo viste con sus mejores ropas; durante el velorio se sirve comida a los asistentes y éstos llevan algo de dinero, alimentos o velas como obsequio y en algunos pueblos se acostumbra que los músicos toquen diversas melodías. Cuando sacan el cuerpo riegan la casa con agua salada, queman chile en el interior y llaman al alma para que se dirija al cemen-

Tzotziles de San Andrés
Larraizar, Chiapas

terio, el cortejo fúnebre se detiene en varias oportunidades, y una vez que cae la tarde, lo entierran con la cabeza hacia el oeste, acompañado de algunos objetos como dinero, aguja e hilo, peine, tortillas, granos de maíz, frijoles, un rosario o escapulario y un calabazo con agua.

Durante cierto número de días, que puede ser de 3 a 15 o 20 después de la muerte, prenden velas en la casa de la persona fallecida y cada mañana durante una semana se llevan ceras a la sepultura. Piensan que el alma emprende un largo viaje hacia el más allá o inframundo, en donde tendrá que purgar cierto tiempo de castigo y después disfrutará de un periodo de felicidad, tan largo como haya sido su vida en la tierra, en el transcurso del cual el alma se irá haciendo cada vez más joven, para renacer finalmente, como una persona del sexo contrario. En algunas comunidades se dice que las almas de los niños pequeños van a un lugar especial donde son alimentados por un árbol que da leche y en otras, se cree que aquellos que son asesinados, que mueren ahogados o por la acción del rayo, van directamente al cielo.

Solamente en los casos en los que se realizan sacramentos de acuerdo al ritual católico en ocasión de bautizos, confirmaciones y matrimonios, el compadrazgo origina uniones y obligaciones de respeto y ayuda entre quienes así establecen lazos de parentesco ritual.

Religión y Creencias

El grupo tzotzil practica la religión católica, aunque matizada con elementos característicos de su antigua religión; muchas de sus deidades se encuentran sincretizadas y otras siguen siendo las originales del grupo, Jesucristo se identifica con el Sol, la Virgen María se asocia tanto con la Luna como con la fertilidad, San Salvador es también el dios creador, la tierra es una deidad femenina y el dios de la lluvia reina sobre el trueno, los montes, los animales del bosque y envía el agua y en consecuencia las buenas cosechas. Los distintos santos que veneran son considerados parientes de Cristo y de la Virgen pero de menor jerarquía y por lo general las imágenes llevan la indumentaria característica de los miembros de la comunidad en que se les rinde culto. La cruz es guardián de los hombres, así como un símbolo sagrado que se identifica con un árbol y con la entrada al mundo inferior, y se coloca en pozos, cuevas, caminos, en la entrada de los pueblos y sobre las casas.

Los dioses ancestrales que tienen como ayudante al colibrí residen en las montañas, y son ellos quienes cuidan a los miembros del grupo y castigan a aquellos que transgreden las normas establecidas. Creen en la existencia de seres malignos que residen en el inframundo, a los que se da el nombre genérico de *pukuh*, entre los que se cuentan el fantasma de una mujer que vive en los bosques, un diablo de pelo largo, un diablo de dos caras y una especie de hombre negro con instintos canibalísticos al que se da el nombre de *h'ik'al*. La vida humana y su conservación dependen de las deidades a las que se debe ofrendar a través de rituales, oraciones, flores, velas y copal que representan la "comida" que se les da, así como con la celebración de ceremoniales que se hacen en las cuevas sagradas de los montes.

Para asegurar la lluvia y la fertilidad de la tierra se realizan ritos en los campos de cultivo con ofrendas para los dueños de la tierra y cuando construyen una casa hacen ofrendas de oraciones, animales enteros o parte de ellos, que entierran junto con aguardiente para que la tierra sea propicia. También es importante el culto a los "santos parlantes", los que son percibidos en sueños por los shamanes, quienes después adquieren la imagen correspondiente y le instalan un altar en su casa, estos santos se comunican con sus dueños para dar respuesta a los fieles que llegan a consultarlos.

La concepción tzotzil de la naturaleza es animista, ya que las plantas, los animales y los objetos tienen alma, por otra parte el alma del ser humano es múltiple, pues está compuesta de doce o trece partes, una de las almas es el animal compañero que se adquiere en el momento del nacimiento, o sea la *tona*, que en tzotzil se llama *vayihel*, *wayjel* o *chulel* y la vida de la persona depende en buena parte de que dicha alma no sufra daños, pues cualquier cosa que le pase se verá reflejada en el cuerpo de la persona y viceversa. En algunas localidades aseveran que las almas animales juegan y pelean entre sí, resultando a veces heridas, motivo por el cual los individuos sufren enfermedades. Entre los Chamulas, uno de los grupos tzotziles de Chiapas, es el Sol (*Chultotic*) el que designa a las tonas de los hombres; en otros pueblos se dice que solamente los hombres poderosos y las brujas poseen espíritus animales, que les ayudan en sus actividades y hay sitios en los que afirman que todos los espíritus animales residen en un corral situado en las montañas sagradas.

Las enfermedades generalmente son concebidas de origen sobrenatural, pueden ser causadas por daños que sufre el alma, por la acción de los seres malignos del inframundo, por la falta de equilibrio entre el "frío" y el "calor" del cuerpo o porque los alimentos con dichas características no se balancean adecuadamente. Los métodos de curación utilizados por los especialistas son: el *h'ilol* o shamán y los brujos son variados, los más frecuentes son el tomar el pulso, las ceremonias para llamar el alma, las "limpias" con huevos, ramas o hierbas, los masajes, las "confesiones rituales", la adivinación con granos de maíz, el uso de baños de vapor, las hierbas medicinales y los rituales de curación que realizan en las cuevas o ante las cruces de los montes, llevando ofrendas de gallinas, aguardiente, velas de distintos colores y copal, que se acompañan con oraciones.

En la organización religiosa tradicional con base en cargos hay mayordomos para los santos, capitanes que interpretan danzas o montan a caballo durante las fiestas, alférez que ofrecen la comida de las mismas y los fiscales que organizan y dirigen las celebraciones, rezan oraciones y ayudan a los sacerdotes durante los servicios religiosos.

Fiestas

Entre sus fiestas del santoral católico destacan las del santo patrono de cada pueblo con procesiones, música y danzas, las de Semana Santa, el Carnaval sobre todo en el municipio de Chamula en donde hacen cabalgatas, danzas y carreras sobre el fuego, y la de la Santa Cruz en la que rezan a los dueños de la tierra en los ojos de agua.

Organización Política

Los municipios tzotziles se rigen por los lineamientos constitucionales de la República Mexicana; en los pueblos más tradicionales el desempeño de los cargos sigue un estricto orden escalafonario, intercalando cargos políticos y religiosos, y aquellos hombres que han cumplido con todos los cargos pasan a formar parte del grupo de los principales, que son respetados y consultados en caso de problemas.

Tojolabales

Generalidades

El grupo tojolabal se asienta en el sureste de Chiapas, cerca de la frontera con Guatemala, principalmente en los municipios de Altamirano, las Margaritas y Comitán, su territorio tiene tres zonas geográficas: las tierras altas con abundante vegetación y clima frío que son atravesadas por el río Tzaconejá; los valles de la zona central, con escasa vegetación y clima húmedo por donde pasa el río La Soledad, afluentes del Tzaconejá, y la selva, tanto alta como baja, con lluvias frecuentes y que es cruzada por varios ríos como el Jataté y el Santo Domingo y sus afluentes el Euseba, el Dolores y el Caliente; la zona tojolabal tiene también lagos y lagunas entre los que están los lagos de Montebello y la laguna de Miramar.

En 1980 se registraron 22,222 hablantes de tojolabal, idioma clasificado en el grupo Maya-Totonaco, tronco Mayanse, familia Mayanse, subfamilia Yax, y no tiene variantes dialectales de consideración por lo que sus hablantes se comprenden bien entre sí por muy distantes que habiten. En la construcción de sus casas utilizan los materiales propios de la región, por lo general son de forma rectangular con paredes de ocote, cedro, caña de maíz o bajareque y techos de lámina de asbesto, teja o palma y a veces tienen el *temazcal* o baño de vapor como anexo.

El vestido tradicional hoy en día lo usan con menos frecuencia, aunque los hombres todavía visten con pantalón de manta blanca que a veces lleva bordados en la parte inferior y camisa de mangas anchas bordada en el cuello y los puños y en las partes frías usan un cotón de lana negra, mientras que las mujeres llevan falda llamada *juna* adornada con encaje, blusa bordada, pañuelo de popelina en la cabeza y huaraches a los que se da el nombre de *xanab*.

Economía

La base de su economía es la agricultura; los cultivos varían según la zona, pero en las tres se siembra maíz, calabaza y frijol, en el valle tiene cierta importancia la caña de azúcar y en la selva el café, plátano y algunos cítricos. Complementan sus ingresos realizando trabajos como peones agrícolas en lugares vecinos, así como con la cría de animales de corral, la cacería se practica sólo en la selva. Las artesanías que elaboran son casi exclusivamente de tipo doméstico, hacen objetos con fibras naturales, así como utensilios de barro y blusas bordadas.

Organización Social

La base de su sociedad es la familia nuclear, aunque también tiene cierta importancia la familia extensa; el matrimonio tradicional en el cual los padres del joven hacían la petición en compañía de un anciano de la localidad, haciendo visitas y llevando obsequios, y la obligación del muchacho de trabajar para su futuro suegro, han ido desapareciendo, aunque todavía en alguna ocasiones se hace así; lo más frecuente en la época actual es que la pareja se fugue habiéndolo planeado con anterioridad para que después se legalice la unión.

Cuando una persona muere hacen un velorio durante la noche y al día siguiente lo entierran junto con sus objetos personales. El compadrazgo es una institución que fortalece los vínculos de parentesco, generalmente los niños son bautizados por una pareja de tíos, a quienes se considera sus verdaderos padrinos, pero en la actualidad también se seleccionan padrinos de evangelio y de presentación al templo, lo que ha originado que el compadrazgo se haya extendido a un mayor número de personas.

Religión y Creencias

Aunque practican la religión católica, conservan creencias de su antigua religión, rinden culto al sol, al que consideran como una deidad creadora y protectora que se identifica con el fuego, la luna se asocia con el agua, la vida y el culto de la tierra, estos seres viven en el cielo en compañía del Dios cristiano; hay otras deidades que habitan en el inframundo y los sobrenaturales denominados "señores" que son los dueños de las cuevas y de los montes.

Tienen la creencia de que hay personas con poderes sobrenaturales, ya sea por tener un nahual o sea la capacidad de convertirse en animales para realizar actividades perjudiciales, o bien porque hacen pactos con las fuerzas del mal, por lo que son capaces de hacer tanto el bien como el mal. Entre los especialistas en lo sobrenatural se encuentran el *pukuj* o brujo, el *pita chik'* o curandero que alivia las enfermedades detectando las pulsaciones del enfermo, el *k'intum* u hombre arco iris que es encargado de prevenir las inundaciones, y el *chawuk* que se transforma en rayo para conseguir la lluvia cuando es necesaria.

Piensan que la enfermedad es causada por brujería, por daños provocados en el alma de un individuo o porque el compañero animal o *tona* de alguna persona ha sido herida, asimismo el mal puede ser ocasionado por los espíritus que vagan durante la noche, y el "mal de ojo" que hacen las personas de mirada fuerte y son los niños quienes lo sufren con mayor frecuencia y para prevenirlo les ponen un amuleto de ámbar.

La organización religiosa basada en cargos ha venido perdiendo importancia en los últimos tiempos, los mayordomos de los santos ya no existen y los alférez ya no realizan sus antiguas funciones, sino que se limitan a comprar velas para el templo, mientras que sus esposas ponen flores ante las imágenes de los santos.

Fiestas

Celebran algunas fiestas del santoral católico, entre las que destacan el Carnaval con comparsas de disfrazados, enmascarados y bufones, que cantan y bailan de casa en casa, las de los santos patronos de cada lugar y la dedicada a honrar las almas de los difuntos a nivel familiar. Los gastos de las fiestas son sufragados mediante la cooperación de los habitantes y la asamblea comunal de cada pueblo designa a los llamados "hermanos mayores" o *b'ank'ilales* para que se hagan cargo de su organización.

Organización Política

En cada pueblo la asamblea comunal es la máxima autoridad pues tiene ingerencia y poder de decisión en todos sus problemas, el comisariado ejidal también tiene un sitio relevante pues además de los asuntos de tierras tiene que ver con algunos de tipo civil por acuerdo expreso de las autoridades municipales, y debido a que sus pueblos están integrados al sistema municipal también se encuentran en funciones el agente municipal, su suplente y los policías, siendo precisamente el agente quien funge como intermediario entre su localidad y el ayuntamiento.

Chujes

Generalidades

Los chujes habitan en la zona fronteriza entre México y Guatemala; en México se localizan en algunas poblaciones del municipio de la Trinitaria en Chiapas, en una zona de bosques y montañas, con clima del templado húmedo al cálido lluvioso según las elevaciones del terreno. En el Censo de 1980 no hay datos sobre este grupo y en 1970 se registraron 700 hablantes de idioma chuj en Chiapas, lengua clasificada en el grupo Maya-Totonaco, tronco Mayanse, familia Mayanse, subfamilia Yax.

Sus casas son de planta rectangular con paredes de varas recubiertas con bajareque y techos de palma o paja, o en algunos casos con paredes de adobe y techos de lámina. El vestido tradicional se ha ido perdiendo gradualmente, hoy en día sólo lo usan los ancianos, los hombres llevan camisa y pantalón blancos y un cotón de lana negra, al que se da el nombre de *capisayo*, con cuello en V, que tiene bordados a su alrededor. Las mujeres llevan enredo con rayas de diferentes colores, blusas bordadas con flores, o huipil largo también bordado y rebozo, mientras que la población joven viste con prendas de fabricación comercial.

Economía

La principal actividad económica de los chujes es la agricultura: siembran maíz, calabaza y frijol para su propio consumo, y café que destinan en su totalidad a la venta, y en los huertos familiares cultivan jitomate, chile, hierbas de olor y algunos frutales; como complemento crían cerdos, gallinas y guajolotes, pescan en lagos y ríos, algunos hombres emigran diaria o temporalmente para contratarse como trabajadores asalariados, y hacen artesanías como artículos de fibra de henequén, objetos de barro y bordados en prendas de vestir.

Organización Social

La base de su sociedad es la familia nuclear, aunque también se dan casos de familias extensas; el matrimonio ya no implica la petición de la muchacha a través de visitas, sino que los jóvenes se ponen de acuerdo, lo hacen saber a sus familias y se establece la fecha de la fiesta en la que se les hacen regalos, y la ceremonia religiosa se lleva a cabo cuando un sacerdote llega al lugar.

La muerte es acompañada de un velorio con plegarias y el entierro, en tanto que el compadrazgo tiene relevancia puesto que los padrinos contraen la obligación de velar por sus ahijados y las relaciones entre compadres están siempre marcadas por el respeto.

Religión y Creencias

Los chujes practican la religión católica pero ésta se encuentra sincretizada con elementos religiosos antiguos, hacen ceremonias en las laderas de los montes para pedir lluvia y buenas cosechas y con ese mismo objeto realizan una peregrinación al pueblo de Santa María Ixtatán. Para la curación de enfermedades acuden a los curanderos y brujos quienes a través de rituales, ofrendas y hierbas medicinales aplican el tratamiento.

Fiestas

Realizan varias festividades del santoral católico, entre las que destacan la del santo patrono de cada pueblo, la Candelaria, la Semana Santa, San Isidro Labrador y el Día de Muertos.

Organización Política

Actualmente los chujes se rigen por el sistema de municipios imperante en toda la República, en cada pueblo hay un delegado municipal que depende de las autoridades de la cabecera correspondiente, también existe el cargo de comisariado ejidal para los asuntos de tierras, y en casi todas las localidades tienen cierta importancia los ancianos, que son consultados para la solución de problemas internos.

Jalaltecos

Generalidades

Los jalaltecos se localizan en diversos poblados de la zona de la frontera entre México y Guatemala; en la República Mexicana se asientan en varias localidades del municipio Frontera Comalapa del estado de Chiapas, en un territorio montañoso, con áreas boscosas, clima templado o cálido y lluvias frecuentes. El Censo de 1980 no registra a este grupo y según datos de 1970 había en Chiapas 1,000 hablantes de jalalteco, idioma que al igual que el chuj, pertenece al grupo Maya-Totonaco, tronco Mayanse, familia Mayanse, subfamilia Yax.

Algunas de sus casas están construidas con paredes de adobe y techos de lámina, pero la mayor parte tienen paredes de bajareque y techos de palma o paja; la indumentaria tradicional ya casi no se usa, pues un buen número de ellos visten con prendas de tipo comercial y sólo los ancianos llevan la vestimenta propia del grupo, ellos con pantalón y camisa blanca y *capisayo* o cotón de lana negra con manga corta y líneas bordadas alrededor del cuello, en tanto que ellas usan un enredo de tela a rayas y huipil bordado con hilos de colores.

Economía

La actividad primordial de los jalaltecos es la agricultura: siembran maíz, frijol, calabaza, caña de azúcar y henequén, y en los huertos familiares chile, jitomate y frutales. Todos los productos se destinan al consumo familiar, y para la venta siembran café. Todas las familias crían cerdos y aves de corral y algunos hombres realizan emigraciones temporales a otros sitios para contratarse como peones agrícolas.

Organización Social

La familia nuclear es la unidad básica de su sociedad, aunque también existe la familia extensa; para contraer matrimonio son los jóvenes quienes llegan a un acuerdo y se hace una fiesta en la que se les dan regalos, o se lleva a cabo la ceremonia por la iglesia en caso de que un sacerdote llegue al pueblo. El compadrazgo establece, en ocasión del bautizo o del matrimonio por la iglesia, relaciones de respeto; y la muerte tiene las mismas características que entre sus vecinos los chujes.

Religión y Creencias

Practican la religión católica aunada a elementos de origen prehispánico, hacen rituales en los montes para solicitar a los sobrenaturales la lluvia y la fertilidad de la tierra. En las distintas localidades hay curanderos y brujos que se dedican a la curación de las enfermedades a través de rituales y del uso de hierbas medicinales y la organización tradicional a base de cargos para atender al templo y a los santos ya se ha perdido.

Fiestas

Celebran varias festividades relacionadas con el santoral católico, destacándose las que dedican a los santos patronos de los distintos pueblos, así como la Semana Santa y el Día de los Difuntos.

Organización Política

Esta sigue los lineamientos de los municipios de los estados de la República, los pueblos y rancherías dependen de la cabecera municipal y tienen un delegado que los representa ante las autoridades correspondientes. Los problemas de tierras están en manos del comisariado ejidal y, a nivel local exclusivamente, los ancianos son consultados en ocasión de toma de soluciones de interés general.

Mames

Generalidades

Los integrantes del grupo mame radican tanto en Guatemala como en México, precisamente en la zona fronteriza; en la República Mexicana sus pueblos están situados en el estado de Chiapas, en zonas geográficas diferentes, unos en las montañas de la Sierra Madre de Chiapas con bosques, clima frío y lluvias frecuentes, otros en los alrededores del volcán Tacaná en un territorio con bosques, clima semicálido y lluvias frecuentes y, otros más, cerca del río Motozintla en terrenos con suelos arcillosos, clima húmedo y lluvias moderadas.

En 1980 se registraron 3,644 hablantes de idioma mame, el que está clasificado en el grupo Maya-Totonaco, tronco Mayanse, familia Mayanse, subfamilia Chax, y tiene cuatro variantes dialectales, tres de ellas comprensibles entre sí y una más ininteligible. Sus casas son de planta rectangular y los materiales de construcción varían de una zona a otra, en la cálida tienen paredes de otate recubiertas con lodo y techos de zacate o palma de dos aguas, en tanto que en la fría se hacen con paredes de madera y techos de tajamanil o zacate de cuatro aguas y por lo regular tienen un *temazcal* o baño de vapor como anexo.

Los jóvenes utilizan prendas de vestir de fabricación comercial, y únicamente los ancianos conservan la indumentaria tradicional, los hombres llevan camisa y pantalón de manta blanca, ceñidor de lana, huaraches y sombrero y en la zona fría además un gabán, mientras que las mujeres usan blusa blanca o de colores de manga corta con encaje alrededor del escote y las mangas, falda o enredo de tela de cuadros y faja de lana.

Economía

Su actividad económica básica es la agricultura; en la zona cálida siembran maíz, frijol, jitomate, cebolla, haba, frutales y café, en tanto que en la zona fría los cultivos son maíz, frijol, trigo y papa, productos que se utilizan para su propio consumo, a excepción del café y la papa que se destinan a la venta. Crían aves de corral y en la parte fría también ovejas, cuya lana es empleada en la elaboración de sarapes y fajas; en las dos zonas los hombres realizan emigraciones diarias o temporales para contratarse como peones agrícolas y las artesanías que hacen son para el consumo familiar, produciendo textiles y objetos de barro.

Organización Social

La base de su sociedad es la familia nuclear, pero también tiene cierta importancia la familia extensa y los trámites para el matrimonio que antes se hacían a través de un "pedidor", actualmente sólo requieren del consenso de la pareja. El compadrazgo lleva implícitas relaciones de ayuda y respeto y se establece principalmente en ocasión del bautizo de un niño.

Religión y Creencias

Practican la religión católica, aunque hay también algunos protestantes, y hasta la fecha siguen teniendo vigencia ciertas creencias de origen prehispánico, hacen rituales para el dueño del cerro, también denominado "sombrerón", con ofrendas de gallinas y copal y hacen ceremoniales para pedir lluvia y buenas cosechas. Hay especialistas que manejan lo sobrenatural y se encargan de dirigir los rituales y de diagnosticar y curar las enfermedades, en tanto que la organización religiosa tradicional ya no tiene vigencia.

Fiestas

Las festividades que realizan corresponden al santoral católico y entre ellas destacan las de los santos patronos de cada pueblo, la Semana Santa y las que se hacen para los difuntos.

Organización Política

Siguen la organización municipal, en los pueblos y rancherías hay un agente municipal, denominado alcalde mayor, que es seleccionado por los miembros de la comunidad, el que además de sus funciones políticas tiene que ver con el cuidado de la iglesia y la organización de las fiestas, y cada año se nombra a un comisariado ejidal para sus asuntos de tierras.

Motozintlecos

Generalidades

El grupo motozintleco es otro de los que se localizan en México y Guatemala; los que viven en México se asientan en Chiapas, tanto en Motozintla y sus alrededores, como en los municipios de Tuzantán de Morelos y Belisario Domínguez, en un territorio con distintas zonas geográficas, pues hay partes altas con clima frío y valles con clima templado. Se carecen de datos respecto al número de hablantes de idioma motozintleco, aunque se calcula que ascienden a 4,000 y esta lengua pertenece al grupo Maya-Totonaco, tronco Mayanse, familia Mayanse, subfamilia Chax, por lo que se encuentra relacionada con la que hablan sus vecinos del grupo mame.

Sus casas son de paredes de madera y techos de tejamanil, de paredes de varas de otate y techos de palma y en menor número de paredes de adobe o de tabique y techos de lámina o teja. La indumentaria tradicional del grupo la usan únicamente las personas ancianas, las mujeres visten con blusa de olanes alrededor de las mangas y el escote y enredo amarillo con rayas rojas, en tanto que los hombres llevan camisa y calzón de manta, faja roja, huaraches, sombrero y en las zonas frías un gabán de lana, y los miembros jóvenes del grupo usan ropa de manufactura comercial.

Economía

La actividad básica de los motozintlecos, también denominados mochós, es la agricultura: siembran maíz, frijol, haba, chile, jitomate y algunos frutales para el consumo familiar, además en algunas zonas siembran café, papa y cacao para la venta. Crían borregos y aves de corral, las artesanías que elaboran como objetos de barro y prendas de lana son exclusivamente para el uso familiar y, complementan sus ingresos con la emigración a lugares cercanos para trabajar como peones agrícolas en grandes plantaciones de café.

Organización Social

Existen familias tanto nucleares como extensas; el matrimonio sólo requiere que la pareja esté de acuerdo, pues en la actualidad ya se ha perdido la costumbre de hacer la petición en base a visitas realizadas por un intermediario, y ocasionalmente se celebra la ceremonia por la iglesia. El compadrazgo se establece en ocasión del bautizo y aunque no llega a ser tan significativo como entre otros grupos indígenas, sí da lugar a relaciones de respeto y ayuda entre los compadres.

Religión y Creencias

La mayor parte de ellos son católicos, pero también hay algunos protestantes, y conservan ciertas creencias antiguas relacionadas con los "dueños" de la naturaleza a quienes hacen ofrendas para que les sean propicios, y hacen rituales para pedir lluvia y buenas cosechas. En la organización religiosa tradicional participan los ancianos y principales y en algunos sitios siguen funcionando las cofradías cuyos integrantes organizan las fiestas para los santos.

Fiestas

Hacen algunas festividades del santoral católico, como las de los santos patronos de los pueblos, la Semana Santa, la Santa Cruz, la de San José, la de San Miguel Arcángel, la de San Francisco y el día de Muertos.

Organización Política

Sus pueblos pertenecen a las cabeceras municipales correspondientes, por lo que siguen los lineamientos que rigen a los municipios constitucionalmente y dependen de las autoridades mestizas de la cabecera, aunque en los pueblos y rancherías hay un alcalde mayor con deberes tanto políticos como religiosos y el comisariado ejidal que atiende lo relativo a sus tierras.

Mixes

Generalidades

El grupo mixe se localiza en el noreste de Oaxaca, cerca de los límites con Veracruz, en tres zonas geográficas distintas: la alta que es atravesada por las elevaciones del Zempoaltépetl con alturas mayores a los 1,500 metros sobre el nivel del mar y clima frío; la media con elevaciones entre los 1,500 y los 800 metros, bosques y clima templado y, la baja con clima cálido y lluvioso

216 - LILIAN SCHEFFLER

y alturas menores a los 800 metros, la región en conjunto es bañada por tres ríos, el Coatzacoalcos, el Tehuantepec y el Papaloapan.

Según el Censo de 1980 había 69,476 hablantes de mixe, idioma clasificado en el grupo Maya-Totonaco, tronco Mixeano, familia Mixeana, subfamilia Mixe-Popoluca, que tiene algunas variantes dialectales que dificultan la comprensión de una zona a otra. Sus casas son de planta rectangular u ovalada, con paredes de varas y barro y techos de zacate y a veces cuentan con *temazcal* o baño de vapor como anexo. El uso del traje tradicional se ha ido perdiendo, actualmente los hombres utilizan camisa y pantalón de fabricación comercial y las mujeres todavía llevan, en mayor o menor grado, la indumentaria característica del grupo, que consta de enagua y huipil, que varía un poco de un sitio a otro, ya que hacia el oeste es blanco con bordados, en el norte tiene figuras zoomorfas bordadas con hilos de colores, en el noroeste se le agregan teñidos de color verde, en la parte baja los huipiles son de tonos claros con bordados a máquina, y en la zona fría en vez de huipil usan una blusa con bordados alrededor del cuello y de las mangas.

Economía

La agricultura es su actividad primordial, los cultivos varían de una zona a otra, en la parte alta y fría se siembra maíz, papa y chile, en la media que tiene mejores suelos y clima más benigno se cultiva maíz, chile, frijol, caña de azúcar, barbasco, plátano y café; en la zona baja los productos son básicamente los mismos y además tiene importancia la cría de cerdos y borregos. Los habitantes de las tres zonas llevan a cabo emigraciones temporales para contratarse como trabajadores asalariados, aunque esto es más frecuente en la parte alta. Las artesanías del grupo son el tejido de huipiles para el uso y la venta, los objetos utilitarios de barro y los artículos de ixtle y palma.

Organización Social

Su unidad social básica es la familia nuclear, aunque también hay casos de familias extensas; los trámites matrimoniales son más bien informales, aunque la forma socialmente aceptada o ideal, es en la que se hacen tres visitas sucesivas llevando regalos a los padres de la muchacha, un intermediario realiza la petición y una vez que llegan a un acuerdo se fija la fecha y se hace fiesta.

A la muerte de uno de los miembros del grupo se hace un velorio con comida y bebida para los asistentes, luego los familiares cercanos y las pertenencias del difunto son sometidos a una purificación ritual con humo de copal; hacen el entierro y en la sepultura se pone comida, agua, alguna ropa y una moneda que servirá al alma para pagar su entrada al más allá y, durante las nueve noches siguientes al fallecimiento, se reza por el difunto.

Religión y Creencias

Aunque actualmente profesan la religión católica, conservan algunos elementos antiguos, lo que da lugar a un sincretismo; creen en la existencia de seres espirituales como los dueños del maíz, los huracanes, la lluvia y los animales, a los que dedican rituales en las cuevas con ofrendas de bebida, comida, velas y copal. Se dice que cada ser humano tiene un animal compañero, alma animal o *tona* con quien comparte su destino.

Hay brujos nahuales que pueden transformarse en animales o en elementos de la naturaleza y causar males a la comunidad o enfermedades a las personas. Precisamente a la brujería se atribuyen muchos de los padecimientos como la "pérdida del alma" o la introducción de objetos extraños en el cuerpo; los brujos y curanderos acostumbran tomar el pulso del paciente o ingerir substancias alucinógenas como hongos, semillas de la Virgen o datura para, una vez en contacto con lo sobrenatural, conocer la causa de los males y los tratamientos para cada caso, que pueden consistir en sobar el cuerpo con diversas hierbas, succionar objetos, dar a tomar infusiones de hierbas medicinales o aconsejar baños de *temazcal*.

Un rasgo sobresaliente dentro de su sistema de creencias, es que conservan el uso del calendario ritual prehispánico, llamado *tonalpohualli*, para establecer los días favorables y los nefastos; son los especialistas adivinos llamados "abogados" quienes manejan dicho calendario y se les consulta para saber las fechas en que deben realizar diversas actividades y rituales. También hacen uso del *tonalámatl*, calendario con el que determinan las actividades agrícolas.

La organización religiosa tradicional se ha mantenido vigente, aunque en algunos sitios ha perdido importancia debido a la introducción del protestantismo, sin embargo donde aún se conserva, sus integrantes son quienes llevan a cabo las ceremonias, el cuidado de la iglesia y de las imágenes de los santos.

Fiestas

La más significativa es la que dedican al santo patrón de cada pueblo, aunque también celebran otras como el

Mixes de Mixistlán, Oaxaca

Año Nuevo, la Semana Santa, la Santa Cruz y el Día de Muertos, en las que hay música, fuegos artificiales, danzas tradicionales como las de La Conquista, Los Negritos y El Tigre, y mercados en donde venden y compran distintos productos.

Organización Política

Se rigen por la organización municipal, aunque en cierta medida conservan la estructura de cargos escalafonarios que, a veces, se intercalan con los de tipo religioso. Al iniciar el ejercicio de un cargo, hacen una ceremonia con ofrendas de copal y aves, para que los sobrenaturales les ayuden a cumplirlo satisfactoriamente, y hay pueblos donde los ancianos o principales son consultados para la solución de diversos problemas.

Popolucas

Generalidades

Los popolucas viven en el sureste de Veracruz, cerca de la frontera con Tabasco, región atravesada por varios ríos, de clima tropical y lluvias abundantes. En 1980 había 23,061 hablantes de idioma popoluca, que está clasificado en el grupo Maya-Totonaco, tronco Mixeano, familia Mixeana, subfamilia Mixe-Popoluca y tiene algunas variantes dialectales que dificultan la comunicación entre las personas de distintos pueblos.

Las casas en que viven son de forma rectangular, con paredes de varas o adobe y techos de palma o zacate, de cuatro aguas en cuya construcción se deja un espacio libre, a manera de tapanco, para guardar objetos y almacenar granos; la indumentaria tradicional ya no se usa y tanto hombres como mujeres visten ahora con prendas de manufactura comercial.

Economía

La agricultura es su actividad principal, aunque debido a la baja fertilidad de los suelos obtienen pocos rendimientos; cultivan maíz, arroz, frijol, chile, ajonjolí, caña de azúcar y café, los cuatro primeros para el consumo familiar y los tres últimos para la venta. En la zona cercana a la costa cazan y pescan y en toda el área complementan su alimentación con la recolección; la mayoría de las familias poseen burros, caballos, cerdos y aves de corral, y hacen algunas artesanías para el uso familiar como objetos de barro y de fibras vegetales.

Organización Social

La unidad básica de su sociedad es la familia nuclear, aunque también hay casos de familias extensas; la norma aceptada del matrimonio es que un intermediario realice visitas en las que lleva regalos a la familia de la novia para pedir su consentimiento, hasta concertar la "entrega de la novia", fecha en que la familia del novio obsequia algunos bienes a sus consuegros con lo que queda establecido formalmente el matrimonio, acompañado de una fiesta que tiene una duración de dos o tres días.

La muerte de una persona da lugar a un velorio con comida y bebida para los acompañantes, el ahijado o padrino del mismo sexo pone una vela en las manos del difunto para que el alma se alumbre en su trayecto al otro mundo. Terminado el velorio, las pertenencias del muerto son sometidas a un ritual de purificación con humo de copal y al día siguiente se hace el entierro y en la sepultura ponen dinero, ropa, agua y comida que servirán al alma en su largo viaje.

El compadrazgo es una institución significativa, ya que a través de ella se establecen lazos rituales que implican ayuda, respeto y la participación ritual en caso de muerte del ahijado o del padrino.

Religión y Creencias

Practican la religión católica, pero conservan algunas de sus creencias antiguas, como el culto a la deidad del maíz llamada *Homshuk*, los rituales relacionados con la agricultura y la caza; antes de la siembra los hombres deben guardar abstinencia sexual, rezar a la deidad del maíz y sahumar con copal las semillas y la tierra; antes de una cacería invocar a los *chanecos* e incensar los instrumentos de caza, los *chanecos* son espíritus guardianes de los animales que residen en cuevas; hacer ofrendas de aves, tamales, copal, bebidas y velas a los espíritus del maíz, la tierra, la lluvia y los animales.

Las enfermedades pueden deberse a la brujería, la introducción de objetos en el cuerpo, o a la "pérdida del alma"; el alma se identifica con el pulso del individuo, por lo que los curanderos y brujos para diagnosticar un padecimiento toman muy en cuenta la manera en que late, o hacen la lectura de granos de copal que ponen en agua, y una vez que conocen la causa del mal, aplican el tratamiento, que puede ser a base de hierbas medicinales, succionando el cuerpo o frotando alcohol mezclado con hierbas. Tienen la creencia que desde el nacimiento toda persona queda unida a un compañero animal o *tona* y lo que le sucede a uno repercute en el otro, por lo que no se debe revelar la identidad de la *tona*, pues si se hace alguien podría perjudicarlos.

La organización religiosa tradicional ha perdido mucha de su importancia, pero en algunos pueblos, hay mayordomos que organizan las fiestas de los santos, diputados que ayudan a los anteriores, así como rezanderos, cantores y tamboreros que participan en las ceremonias; fiscales que tienen a su cargo los asuntos de la iglesia y un sacristán que guarda las llaves del templo y toca las campanas, pero quienes tienen mayor autoridad en asuntos religiosos son los denominados "pasados", o sea quienes han cumplido con diversos cargos y tienen prestigio y reconocimiento de los miembros de la comunidad.

Fiestas

Las festividades más sobresalientes son las de los santos patronos de cada pueblo, aunque también celebran otras como San Antonio, la Candelaria, la Virgen del Carmen, San José, Semana Santa, la Virgen de Guadalupe y la Navidad con juegos pirotécnicos, danzas, comida y bebida para todos los asistentes, y el Día de Muertos con ofrendas para las almas de los difuntos.

Organización Política

Esta es igual a la de todos los municipios que conforman los diferentes estados de la República Mexicana, generalmente en las cabeceras, los puestos más importantes están en manos de los mestizos, y en los pueblos pequeños son los propios indígenas quienes los desempeñan.

Zoques

Debido a la erupción del volcán Chichonal hace aproximadamente dos años, el grupo zoque ha sufrido graves cambios en su economía y en su forma de vida, pues muchos de ellos fueron reubicados en campamentos provisionales con tierras impropias para la agricultura; algunas familias han quedado separadas, sus fiestas y tradiciones se han interrumpido y se ha incrementado la emigración para realizar trabajos asalariados. Sin embargo, poco a poco, algunas personas han comenzado a regresar a sus pueblos y han iniciado su reconstrucción lentamente y con mucho esfuerzo, como se desconoce el destino que, en estas condiciones pueda tener el grupo, aquí se ofrece la panorámica socio-cultural de los zoques, antes de que ocurriera la citada erupción.

Generalidades

El grupo zoque ocupa la parte noroeste de Chiapas, que se subdivide en tres zonas geográficas; la de la vertiente del Golfo cerca de la frontera con Tabasco con tierras fértiles, clima tropical y lluvias frecuentes, la de la sierra con alturas hasta de 1,500 metros sobre el nivel del mar, numerosos bosques, cañadas y pequeños valles, con clima frío o templado, y finalmente la que se encuentra en la depresión central de Chiapas con clima tropical y lluvias abundantes.

Para 1980 había 25,784 hablantes de zoque, idioma del grupo Maya-Totonaco, tronco Mixeano, familia Mixeana, subfamilia Zoque, y tiene cinco variantes dialectales que dificultan la comprensión de los hablantes de una zona a otra. Sus habitaciones son de planta rectangular con paredes de varas o adobe y techos de paja o teja de cuatro aguas, en los que se colocan cruces de madera o metal o figuras zoomorfas para proteger a sus habitantes de posibles brujerías y otros males. La indumentaria tradicional ya casi no se usa, tanto hombres como mujeres usan prendas de tipo comercial, aunque en los días de fiesta ellas llevan huipil blanco o blusa del mismo color, y las ancianas por lo general visten falda larga de colores y blusa blanca con bordados alrededor del cuello.

Economía

Su actividad económica primordial es la agricultura, las siembras varían según la zona, sus cultivos más importantes son maíz, calabaza, frijol y chile para el consumo familiar, y otros como pimienta, cacao y café se destinan a la venta. Crían cerdos y aves de corral, y sus artesanías son los textiles que hacen en telares de cintura, el tejido de objetos de palma, bejuco y mimbre, y algunos productos de barro.

Organización Social

La sociedad zoque se encuentra dividida en tres estratos bien diferenciados, a consecuencia de la forma en que llevan a cabo sus prácticas religiosas, los "costumbreros" que siguen el patrón tradicional de creencias y rituales, los "católicos" que se apegan a esta religión dirigidos por el sacerdote y, los "adventistas" (o "sabáticos") que poseen su propio templo y son dirigidos por el pastor, esta división influye en diversos aspectos de la vida social; entre los "costumbreros" prevalece la familia extensa y en los otros dos grupos hay tanto familias extensas como nucleares.

El matrimonio también registra variantes, los "costumbreros" se casan dentro de su mismo grupo, aunque ocasionalmente lo hacen con católicos, la petición la llevan a cabo a través de un intermediario que visita a los padres de la muchacha llevando regalos, se fija la fecha y hay una fiesta. Los católicos también se casan de preferencia entre ellos, aunque en ocasiones lo hacen con personas del grupo anterior, la petición la hace el sacerdote o una persona importante de la comunidad en una visita especial, se hace la ceremonia por la iglesia y hay fiesta. Mientras que los "adventistas" se casan exclusivamente entre ellos, la petición la hacen los padres del muchacho o él mismo, se casan por lo civil y en su templo, sin que haya fiesta.

La muerte tiene diferentes connotaciones según el grupo de que se trate, los "costumbreros" creen que el alma se dirige al mundo de los muertos ubicado en el oeste, los católicos que va al cielo, al purgatorio o al infierno según el comportamiento que la persona haya tenido en vida, y los "adventistas" creen que por el hecho de haber profesado el adventismo entrará al reino de Dios.

Entre los "costumbreros" el compadrazgo tiene bastante relevancia, se establece entre personas pertenecientes al mismo grupo y lleva implícitas relaciones de respeto; los católicos prefieren tener relaciones de compadrazgo con los mestizos por considerarlo un signo de prestigio y los adventistas seleccionan padrinos para sus hijos entre personas de la misma religión, generalmente entre sus propios parientes.

Religión y Creencias

Los únicos zoques que mantienen en su sistema de creencias elementos de su antigua religión son los "costumbreros", hablan de seres sobrenaturales que poseen las cuevas, los ríos, los bosques, los montes, la lluvia y el viento; estos seres pueden causarles males y para evitarlos son propiciados con rituales dirigidos por los ancianos. Consideran que la enfermedad es provocada por agentes sobrenaturales o por la brujería, para contrarrestarla los brujos y curanderos hacen ceremonias con ofrendas y dan tratamientos en base a hierbas medicinales, "limpias" y oraciones. Durante el primer año de la vida del niño los "costumbreros" acuden al especialista para conocer la identidad de su *tona* (llamada *a'nson*) o animal compañero con que compartirá su destino.

Los católicos reconocen como autoridad principal al sacerdote del lugar, veneran a distintos santos, asisten a misa y tienen asociaciones que organizan las fiestas de los santos patrones. Creen que la enfermedad puede tener una causa natural, aunque conservan creencias acerca de la brujería; generalmen e acuden a las enfermeras para aliviar sus males, pero en ciertos casos consultan a los curanderos.

En cambio los "adventistas" siguen al pie de la letra lo que marca su religión, asisten a su templo que es dirigido por el ministro o pastor y no participan en las festividades tradicionales. Ven a la enfermedad como consecuencia de causas naturales, aunque también creen que puede deberse a la brujería y, en caso de enfermedad, acuden a los centros médicos de la zona asociados con su religión.

En algunos sitios todavía está vigente el sistema de cargos tradicionales, que cuenta con fiscales, sacristanes y auxiliares para el cuidado de la iglesia y la organización de las fiestas. Los ancianos que han cumplido con distintos cargos forman la parte medular de esta organización, pues además de tomar parte activa en ella, designan a quienes desempeñarán los cargos cada año.

Fiestas

Celebran las fiestas para los santos patronos y algunas otras como el Carnaval, Semana Santa, Pascua de Resurrección y Navidad; la festividad para los difuntos es celebrada con ofrendas y oraciones tanto por "costumbreros" como por "católicos", mientras que los "adventistas" no creen en el regreso de las almas y tampoco participan en las otras fiestas.

Organización Política

El sistema de cargos por escalafón está en desuso, en la época actual sus pueblos siguen la organización municipal, en las cabeceras los mestizos desempeñan los cargos más importantes y los indígenas sólo cumplen los de agentes municipales en los pueblos pequeños, que están sujetos a su respectiva cabecera.

Totonacas

Generalidades

El grupo totonaca en la época prehispánica habitaba en el Totonacapan, una extensa área situada en parte de los actuales estados de Puebla y Veracruz. Hoy en día los totonacas se asientan en el norte de Puebla y el sureste de Veracruz en un territorio con dos regiones geográficas, la costa y la sierra, en esta última el clima es frío o templado con lluvias frecuentes, mientras que en la costa el clima es cálido con lluvias en verano y, su terri-

Totonacas de Papantla, Veracruz

torio es atravesado por los ríos Tecolutla, Pantepec, Cazones, Tecuantepec y Lalaxaxolpan.

En 1980 había 185,836 hablantes de totonaco, 117,533 en Veracruz y 63,303 en Puebla, idioma clasificado en el grupo Maya-Totonaco, tronco Totonaco, familia Totonaca y tiene algunas variantes dialectales que imposibilitan la comunicación entre personas de diferentes pueblos. Las casas son muy similares en las dos regiones, de forma rectangular, paredes de madera u otate y techos de palma, aunque también las hay con paredes de adobe y techos de teja, y generalmente entre sus anexos se encuentra el *temazcal* o baño de vapor que en esta zona es de forma rectangular. La vestimenta tradicional masculina es camisa y calzón de manta blanca, sombrero y huaraches y en la zona fría añaden un cotón de lana, la indumentaria femenina consta de falda blanca, faja, blusa con bordados de colores, *quechquémitl* de lana con bordados y una especie de pañuelo en la cabeza, aunque el traje propio del grupo, en la época actual, se usa cada vez con menos frecuencia.

Economía

La base de su economía es la agricultura: en la zona costera cultivan maíz, chile y frijol para su propio consumo, y café, tabaco, jitomate, algodón, cacao, vainilla y caña de azúcar que destinan a la venta; en la zona fría siembran casi exclusivamente maíz, frijol y chile para el consumo familiar pues tienen menor cantidad de tierra cultivable. En las dos zonas las familias crían cerdos y aves de corral, pescan en los ríos para complementar su alimentación, y sus artesanías son por lo general de tipo doméstico o ritual, hacen objetos de barro, tejen fibras naturales, trabajan la madera para elaborar máscaras y tejen el *quechquémitl* y la faja para el vestido femenino y en el área de Papantla hacen figuras con vainilla que destinan a la venta.

Organización Social

Como base de su sociedad predomina la familia nuclear, aunque también se dan casos de familias extensas; hasta hace algunos años se acostumbraba que los padres del joven hicieran los trámites para la petición de la novia, llevando regalos a su familia hasta que se llegaba a un acuerdo, pero ésto ha dejado de hacerse casi por completo, ahora simplemente la pareja lo decide, lo comunica a sus padres y luego se hacen las ceremonias civil y religiosa, acompañadas de una fiesta en casa del novio.

Cuando alguien muere su cadáver es bañado y vestido con ropa nueva, se pone en la caja donde también se colocan una botella con agua, tortillas y algunas monedas que el alma usará en su viaje; en el velorio se ofrece comida y bebida a los acompañantes, un cantor reza oraciones y al día siguiente se hace el entierro. En algunos pueblos se cree que el alma no abandona su casa hasta pasados varios días, durante ese lapso se sigue sirviendo su comida en el lugar acostumbrado y hay sitios en los que la familia cercana se somete después a ritos de purificación o se hace una ceremonia con comida y bebida al noveno día o a los ochenta días después de la muerte.

Religión y Creencias

Los totonacas practican la religión católica pero conservan algunas de sus creencias antiguas, sobre todo en la zona de la sierra, lo que da lugar a un sincretismo, San Juan está relacionado con su antigua deidad de la lluvia y los rayos, se sigue venerando a los "padres" y "madres" del grupo, al Sol que está asociado con el maíz y los cultivos; otras deidades son el fuego, la tierra, la Luna, los vientos y los montes; hay algunas que se consideran malas, como la Luna y Venus, relacionadas con el diablo y se supone que reinan en el inframundo.

Existe la creencia, sobre todo en la zona alta, de que el alma del niño al nacer queda unida con un animal compañero o *tona* con quien compartirá su existencia; realizan ceremonias para propiciar los buenos cultivos y para evitar que los recién nacidos sean dañados; quienes dirigen los rituales son los curanderos, que pueden entrar en contacto con lo sobrenatural y son respetados y temidos, pues así como pueden curar y beneficiar, también son capaces de hacer brujería.

La organización religiosa tradicional prácticamente se ha perdido en la zona costera, aunque en algunos pueblos los *tekles* organizan las festividades de los santos, mientras que en la sierra se nombra un fiscal o *piskal* que lleva una vara de mando y se encarga del cuidado de la iglesia, ayudado en sus labores por algunos topiles, entre cuyas funciones están el tocar las campanas y actuar como mandaderos y policías.

Fiestas

En cada pueblo celebran las fiestas de sus santos patrones y hay sitios donde también festejan los Santos Reyes, la Candelaria, el Carnaval, la Semana Santa, la Santa Cruz en la cual bendicen la tierra y las semillas que serán sembradas, San Antonio que coincide con el comienzo de la siembra, San Juan Bautista asociada con la lluvia, el Día de Muertos y la Virgen de Guadalupe; en la mayoría de las fiestas hay danzas como El Volador, Los Moros y Cristianos, Los Negritos y Los Santiagueros, y en Carnaval se interpretan la de Los Mulatos y Los Huehues (Viejos).

Organización Política

Ya no existe la organización tradicional en este sentido, sino que los municipios son gobernados según los reglamentos de todo el país, los cargos son de elección popular, y las personas con cargos religiosos ya no tienen ingerencia en lo político.

Tepehuas

Generalidades

El grupo tepehua se asienta en el noreste de Hidalgo, el norte de Veracruz y, más recientemente, emigrando de los dos anteriores, han ocupado una pequeña parte de Puebla. En su territorio hay valles, cañadas, bosques y montañas de pequeña elevación, el clima predominante es el tropical con lluvias frecuentes y es atravesado por varios ríos. Para 1980 se registraron 1,554 hablantes de tepehua en Hidalgo y 6,489 en Veracruz lo que da un total de 8,043; este idioma está clasificado en el grupo Maya-Totonaco, tronco Totonaco, familia Totonaca, se trata de una lengua que tiene semejanzas con el totonaco que se habla en zonas vecinas y que carece de variantes dialectales lo que facilita la comunicación entre sus hablantes.

Sus casas son de planta rectangular, con paredes de piedra o varas recubiertas con lodo y techo de zacate, palma o paja, de dos aguas. Una buena parte de los hombres siguen utilizando el traje tradicional que consiste en camisa blanca o de color y calzón blanco ancho que se anuda en los tobillos, en tanto que las mujeres llevan blusa blanca con bordados alrededor del escote y mangas, falda blanca con bordados en la orilla, ceñidor y *quechquémitl* con listones cosidos y bordado con figuras zoomorfas.

Economía

Su actividad básica es la agricultura: cultivan maíz, frijol, jitomate, camote y frutales y en algunas regiones se han introducido cultivos como ajo, cebolla, ajonjolí y lenteja y hay sitios donde se siembra caña de azúcar y café para la venta. Cada familia posee algunos caballos, vacas, cerdos y aves de corral, los que tienen poca tierra emigran temporalmente para contratarse como trabajadores asalariados, y producen artesanías para su consumo, las mujeres confeccionan las prendas de vestir que ellas mismas usan y en algunos pueblos hacen objetos de barro y tejen cestos.

Organización Social

La unidad de su sociedad es la familia nuclear; para el matrimonio los padres del joven visitan a la familia de la muchacha llevándole regalos para hacer la petición, cuando llegan a un acuerdo se fija la fecha de la entrega de la novia, y ese día los padres de ella la llevan a la casa del novio donde se ofrece una comida.

Cuando alguien muere su cuerpo es bañado y vestido con sus mejores ropas, lo velan durante toda la noche, rezan, prenden copal y sirven comida y bebida a los acompañantes. En algunos lugares se acostumbra poner algo de comida para el difunto y en el entierro, a veces, ponen la ropa del muerto, a los siete días hay una ceremonia en la que ofrecen comida al alma para despedirla y para que no vuelva a la tierra a molestar a los vivos; las almas de aquellos que mueren trágicamente permanecen junto a los diablos o seres malignos y no llegan al cielo.

Religión y Creencias

Practican la religión católica sincretizada con creencias antiguas que le dan un matiz muy particular, el Sol por ejemplo es una deidad que rige la vida de los seres humanos, en tanto que la Luna es un ser masculino que está asociado con lo maligno y las estrellas son seres guardianes que vigilan mientras el Sol está ausente; otros sobrenaturales son los dueños de la naturaleza como el dueño del monte y el dueño de la tierra. Las ceremonias y ofrendas para las deidades y para los dueños de la naturaleza se hacen en las laderas de los cerros o en oratorios especiales, allí también se realizan los rituales para pedir lluvia, buenas cosechas y curación de enfermedades.

En gran parte la enfermedad es concebida como producto de la brujería, la "pérdida del alma" o el castigo divino. Entre los especialistas que las curan está el "adivino" quien mediante sueños conoce la causa y el tratamiento para cada caso; hay otros especialistas que usan sus poderes para hacer el mal, ya que tienen contacto con lo sobrenatural, especialmente con espíritus malignos, a estos brujos los llaman *jaxkayanán* en tepehua y perjudican porque son contratados para hacerlo o por voluntad propia.

La organización religiosa tradicional ya no tiene mucha relevancia, pero cada año se elige a un fiscal para los asuntos de la iglesia y a los campaneros que les ayudan y tocan las campanas; se nombran también mayordomos y sus ayudantes que organizan las fiestas de los santos, cuyos gastos se cubren con lo que aporta el mayordomo y con el producto de un terreno que es cultivado por todo el pueblo.

Fiestas

Celebran varias fiestas del santoral católico como la del santo patrón, el Carnaval que es una festividad en la que destaca la actuación de las fuerzas del mal y los danzantes bailan en casa de las personas muertas en accidentes o asesinadas, cuyas almas se relacionan con los seres malignos; el Día de Muertos en la que además de las ofrendas, se interpreta la Danza de los Viejos; las Posadas con danzas de Pastores y la del Tambulán, y la de San Miguel Arcángel cuando además de honrar al santo se hace un ceremonial llamado de los elotes, para agradecer las buenas cosechas.

Organización Política

Está en concordancia con la establecida para los diferentes municipios de toda la República; en las cabeceras residen las autoridades más importantes y en cada pueblo hay un agente municipal, que además de sus funciones políticas tiene ingerencia en los asuntos religiosos puesto que está al tanto de verificar las festividades, toma parte en la designación de mayordomos y es frecuente que algunas imágenes permanezcan en su casa durante el tiempo que desempeña el cargo; en algunas comunidades sigue funcionando el cargo de jefe de pueblo desempeñado por un anciano al que se consulta para solucionar problemas y actúa de común acuerdo con las autoridades municipales.

Purépechas o tarascos

Generalidades

Los purépechas se asientan en el norte de Michoacán, en un territorio que abarca la sierra, la cañada y algunos valles de la zona lacustre, con clima frío, heladas frecuentes y lluvias moderadas. La sierra tiene grandes alturas, depresiones y cuencas, suelos porosos, arroyos escasos y algunos bosques; la zona de los lagos tiene islas y playas cercanas al lago de Pátzcuaro con terrenos similares a los de la sierra, y la cañada es un valle con elevaciones entre los 1,700 y 1,900 metros sobre el nivel del mar, suelos fértiles y lluvias abundantes.

En 1980 había 92,642 hablantes de idioma purépecha, el que en un principio presentó dificultades para su clasificación, algunos lingüistas señalaron que se encontraba más emparentado con algunas lenguas del suroeste de los Estados Unidos que con las de Mesoamérica, pero con los estudios de Swadesh se estableció su filiación dentro del grupo Maya-Totonaco, tronco Purépecha, este idioma tiene pequeñas variantes dialectales que no impiden la comunicación de una zona a otra; ellos se dan a sí mismos el nombre de purépechas, pues el término tarasco con que fueron registrados por los cronistas desde la época de la Colonia tiene un sentido despectivo.

Sus casas están construidas dentro de un espacio cercado por bardas, en el que están la troje que tiene un ático para almacenar granos, el altar familiar y sitios para las herramientas de trabajo, y otra construcción de madera, piedra o adobe con techo de tejamanil de dos o cuatro aguas, donde la familia come y duerme. Actualmente los hombres usan prendas de tipo comercial, y las mujeres llevan la indumentaria propia del grupo aunque su uso tiende a disminuir, visten blusa blanca con bordados alrededor del cuello y las mangas, falda amplia hecha con un rollo de tela de lana de varios metros, azul en la sierra y roja en la zona de los lagos, que se pliega en la parte posterior y se detiene con una faja, delantal blanco con bordados y rebozo azul con rayas blancas delgadas.

Economía

Su actividad primordial es la agricultura, complementada con la pesca en la zona lacustre, la explotación de maderas en la sierra, la elaboración de artesanías y la emigración temporal a otros lugares de la República y a Estados Unidos para trabajar como asalariados. Sus cultivos principales son maíz, frijol y calabaza, así como una semilla llamada *alegría* o bledo, aunque también siembran chile, chícharo, chayote, tomate y maguey casi exclusivamente para el consumo local y en algunas comunidades siembran frutales y en otras trigo para la venta. Casi todas las familias poseen animales de tiro para las labores agrícolas, burros para la carga, borregos, cerdos y aves de corral; en algunos sitios se dedican al cultivo de abejas para la obtención de miel y cera, y la pesca, que en el pasado fue muy relevante, actualmente ha decaído debido a la desecación de parte de los lagos.

Sus artesanías son los trabajos en madera, los objetos de cobre, la cerámica de diferentes tipos en acabado rojo, verde, crema o negro, los rebozos y los sarapes de lana que hacen en telares de cintura y de pie, los bordados para las prendas femeninas de vestir, los tejidos de palma, paja de trigo y fibra de agave, y tienen cierta importancia las lacas y maques que se hacen so-

Purépechas de Ocuimichu, Michoacán

bre madera, aunque en la época actual las elaboran en mayor número los mestizos de Quiroga y Uruapan.

Organización Social

La unidad primordial de su sociedad es la familia nuclear, aunque también hay casos de familias extensas; el matrimonio se realiza tanto por lo civil como por la iglesia, en algunas ocasiones se hace un rapto simulado y posteriormente se legaliza la unión, aunque lo que se considera la norma ideal es que los padres del novio o un intermediario pidan a la muchacha, que se intercambien regalos entre las dos familias y que se lleve a cabo la ceremonia acompañada de una fiesta.

Cuando alguien muere se hace un velorio con plegarias y rezos y al día siguiente el entierro; se dice que el alma reside en el corazón y poco antes de morir recorre los sitios que conoció y ve a sus parientes. El alma sobrevive después de la muerte y emprende su viaje para llegar ante Dios y los santos donde se le juzga y, según haya sido su conducta en la tierra, se le recompensa con el cielo o se le castiga con el infierno; pero si la persona deja trabajos pendientes o promesas sin cumplir, sobre todo a los santos, su alma no descansa y vaga en la tierra hasta que sus familiares le ayudan a poner un remedio; asimismo las almas de los muertos mantienen contacto con los vivos a través de sueños y los aconsejan, sobre todo si ven que transgreden las normas del grupo.

El compadrazgo se establece en ocasión de sacramentos como el bautizo, la confirmación y el matrimonio, los padrinos son agazajados con comida y obsequios y adquieren obligaciones con los ahijados pues les hacen regalos cada año, se encargan de ellos si quedan huérfanos, pagan los gastos del entierro en caso de muerte y siempre se les consulta para tomar decisiones importantes en la vida del ahijado.

Religión y Creencias

Practican la religión católica que presenta una reinterpretación de las enseñanzas de los misioneros; las características de los santos han sido reelaboradas, Dios, la Virgen, Jesús y otros santos tienen poderes especiales e interactúan entre ellos, mientras que el diablo en algunas de sus manifestaciones, llega a tener una importancia que sobrepasa a la de los santos.

El sistema de fiestas purépecha tiene bastante relevancia y conserva cierta semejanza con las formas rituales introducidas durante la Colonia. Entre sus ceremonias están las propiamente católicas dirigidas por los sacerdotes, las fiestas y las mayordomías en las que participan todos los integrantes del grupo y hay mercado, danza, música, fuegos artificiales y comida para los asistentes, así como festividades organizadas por los grupos ocupacionales o de trabajo, las que celebran los grupos de devotos de alguna imagen en especial y los rituales de carácter secular que se hacen en ocasión de la construcción de una casa.

El sistema de cargos ha venido perdiendo significación, aunque en la actualidad existen todavía mayordomos que organizan las fiestas de los distintos santos y se consideran cargos muy relevantes, y también hay rezanderos que participan en las distintas ceremonias.

En algunos sitios sigue siendo importante el concepto de alimentos y medicamentos "fríos" y "calientes", cualidades innatas a las propias substancias, que suelen tomarse en cuenta para mantener el equilibrio del cuerpo y consecuentemente la salud. Cuando el calor daña al cuerpo porque el Sol es muy intenso o bien por sentir susto, enojo, envidia o mucha alegría, emociones que aumentan el calor del cuerpo, deben usarse en la curación substancias frías; el frío causa daño a través del aire, el agua helada o el abuso de substancias frías y la curación debe hacerse con elementos considerados calientes o con "limpias" que se hacen con hierbas y huevo. Otras causas de la enfermedad pueden ser la "pérdida del alma", la brujería o el "mal de ojo" que ataca principalmente a los niños, y por eso se procura protegerlos evitando que los vean los extraños o poniéndoles una semilla de ojo de venado.

Fiestas

Las fiestas de mayor significación son las de los santos patronos de cada pueblo, en las que hay procesiones, Danza de Viejitos, música y fuegos artificiales, y en algunos sitios celebran otras como la Semana Santa con representaciones de la Pasión y la Navidad en la que se llevan a cabo Pastorelas, representando el viaje de los pastores a Belén para adorar al Niño Dios y los obstáculos que el diablo les va poniendo en su camino, hasta que finalmente es vencido por San Miguel.

Organización Política

Ya no está vigente el sistema de cargos políticos por escalafón, hoy en día se encuentran regidos por el sistema de municipios, en las cabeceras residen las personas con puestos importantes y en los pueblos hay agentes o delegados que dependen y se mantienen en contacto con su cabecera correspondiente, hay también comisariados ejidales y los representantes de bienes comunales que se encargan de los problemas de tierras.

BIBLIOGRAFIA

AGUIRRE BELTRAN, Gonzalo, "Función de la indumentaria en el viejo Ixcatlán", *Summa Anthropologica* en homenaje a Roberto J. Weitlaner, México, Instituto Nacional de Antropología e Historia, 1966, pp. 429-435.

——, *Regiones de Refugio*, el desarrollo de la comunidad y el proceso dominical en Mestizoamérica, México, Instituto Nacional Indigenista, 1973 (Serie de Antropología Social, 17).

ARANA DE SWADESH, Evangelina *et al.*, *Las lenguas de México, I y II*, México, Instituto Nacional de Antropología e Historia, 1975 (México: panorama histórico y cultural, IV y V).

ARIZPE S., Lourdes, *Parentesco y economía en una sociedad Nahua*, Nican Pehua Zacatipan, México, Instituto Nacional Indigenista, 1973 (Serie de Antropología Social, 22).

BAER, Phillip y William R. MERRIFIELD, *Los Lacandones de México*, dos estudios, México, Instituto Nacional Indigenista, 1972 (Serie de Antropología Social, 15).

BAEZ-JORGE, Félix, *Los Zoque-Popolucas*, estructura social, México, Instituto Nacional Indigenista, 1973 (Serie de Antropología Social, 18).

BARTOLOME, Miguel y Alicia M. BARABAS, *Ritual y etnicidad entre los Nahuas de Morelos*, México, Instituto Nacional de Antropología e Historia, 1981 (Cuadernos de los Centros Regionales: Morelos).

——, *Tierra de la Palabra*, historia y etnografía de los Chatinos de Oaxaca, México, Instituto Nacional de Antropología e Historia, 1982 (Colección Científica, Etnología, 108).

BEALS, Ralph L., "The Tarascans", en *Handbook of Middle American Indians*, University of Texas Press, 1969, Vol. 8, pp. 725-773.

BENITEZ, Fernando, *Viaje a la Tarahumara*, México, Ediciones ERA, 1960.

BENNETT, Wendell C. y Robert M. ZINGG, *Los Tarahumaras*, una tribu india del norte de México, México, Instituto Nacional Indigenista, 1978 (Clásicos de la Antropología, 6).

CANCIAN, Frank, *Economía y prestigio en una comunidad Maya*, el sistema religioso de cargos en Zinacantan, México, Instituto Nacional Indigenista, 1976 (Serie de Antropología Social, 50).

CARRASCO, Pedro, "Ceremonias públicas paganas entre los Mixes de Tamazulapan", *Summa Anthropologica* en homenaje a Roberto J. Weitlaner, México, Instituto Nacional de Antropología e Historia, 1966, pp. 309-312.

——, *El catolicismo popular de los Tarascos*, México, SEP/SETENTAS, 1976.

CASTILE, George Pierre, *Cherán: la adaptación de una comunidad tradicional en Michoacán*, México, Instituto Nacional Indigenista, 1974 (Serie de Antropología Social, 26).

Censo General de Población y Vivienda, 1980, Resumen General Abreviado, México, Secretaría de Programación y Presupuesto, Instituto Nacional de Estadística, Geografía e Informática, 1984.

CORTES RUIZ, Efraín C., *San Simón de la Laguna*, la organización familiar y mágico-religiosa en el culto al oratorio, México, Instituto Nacional Indigenista, 1972 (Serie de Antropología Social, 12).

CRUMRINE, N. Ross, *El ceremonial de Pascua y la identidad de los Mayos de Sonora*, México, Instituto Nacional Indigenista, 1974 (Serie de Antropología Social, 31).

DE CICCO, Gabriel, "Systems of civil authority in the Mixteca Baja: patterns and conflicts", *Summa Anthropologica* en homenaje a Roberto J. Weitlaner, México, Instituto Nacional de Antropología e Historia, 1966, pp. 371-374.

——, "The Chatino", en *Handbook of Middle American Indians*, University of Texas Press, 1969, Vol. 7, pp. 360-366.

DE LA FUENTE, Julio, *Yalalag, una villa zapoteca serrana*, México, Instituto Nacional Indigenista, 1977 (Clásicos de la Antropología Mexicana, 2).

DIEBOLD Jr., A. Richard, "The Huave", en *Handbook of Middle American Indians*, University of Texas Press, 1969, Vol. 7, pp. 478-488.

DINERMAN, Ina R., *Los Tarascos: campesinos y artesanos de Michoacán*, México, SEP/SETENTAS, 1974.

DOW, James W., *Santos y supervivencias*, funciones de la religión en una comunidad otomí, México, Instituto Nacional Indigenista, 1975 (Serie de Antropología Social, 33).

DRUCKER, Susana; Roberto ESCALANTE y Roberto J. WEITLANER, "The Cuitlatec", en *Handbook of Middle American Indians*, University of Texas Press, 1969, Vol. 7, pp. 565-576.

DUBY, Gertrude y Frans BLOM, "The Lacandon", en *Handbook of Middle American Indians*, University of Texas Press, 1969, Vol. 7, pp. 276-297.

FABILA, Alfonso, *Las tribus Yaquis de Sonora*, su cultura y anhelada autodeterminación, México, Instituto Nacional Indigenista, 1978 (Clásicos de la Antropología Mexicana, 5).

FOSTER, George M., *Cultura y conquista*, la herencia española de América, Xalapa, México, Universidad Veracruzana, 1962.

——, "World view in Tzintzuntzan: reexamination of a concept", *Summa Anthropologica* en homenaje a Robert J. Weitlaner, México, Instituto Nacional de Antropología e Historia, 1966, pp. 385-393.

——, "The Mixe, Zoque and Popoluca", en *Handbook of Middle American Indians*, University of Texas Press, 1969, Vol. 7, pp. 448-477.

——, *Tzintzuntzan*, los campesinos mexicanos en un mundo de cambio, México, Fondo de Cultura Económica, 1972.

FRIED, Jacob, "The Tarahumara", en *Handbook of Middle American Indians*, University of Texas Press, 1969, Vol. 8, pp. 846-870.

FRIEDLANDER, Judith, *Ser indio en Hueyapan*, un estudio de identidad obligada en el México contemporáneo, México, Fondo de Cultura Económica, 1977 (Colección Popular, 164).

GIBSON, Charles, *Los Aztecas bajo el dominio español 1519-1810*, México, Siglo Veintiuno editores, 1980.

GONZALEZ RAMOS, Gildardo, *Los Coras*, México, Instituto Nacional Indigenista, 1972 (Serie de Antropología Social, 9).

GONZALEZ RODRIGUEZ, Luis, *Tarahumara, la sierra y el hombre*, Secretaría de Educación Pública/Fondo de Cultura Económica, 1982 (SEP/80, No. 29).

GOSSEN, Gary H., *Los Chamulas en el mundo del sol*, México, Instituto Nacional Indigenista, 1979 (Serie de Antropología Social, 58).

GRIMES, Joseph E. y Thomas B. HINTON, "The Huichol and Cora", en *Handbook of Middle American Indians*, University of Texas Press, 1969, Vol. 8, pp. 792-813.

GUITERAS HOLMES, Calixta, *Los peligros del alma*, visión del mundo de un Tzotzil, México, Fondo de Cultura Económica, 1965.

HARVEY, H. R. e Isabel KELLY, "The Totonac", en *Hand-*

book of Middle American Indians, University of Texas Press, 1969, Vol. 8, pp. 638-681.

HINTON, Thomas B., "Remnant tribes of Sonora: Opata, Pima, Papago and Seri", en *Handbook of Middle American Indians*, University of Texas Press, 1969, Vol. 8, pp. 879-888.

——, *et al, Coras, Huicholes y Tepehuanes*, México, Instituto Nacional Indigenista, 1972 (Series de Antropología Social, 11).

HOPPE, Walter A. y Robert J. WEITLANER, "The Ichcatec", en *Handbook of Middle American Indians*, University of Texas Press, 1969, Vol. 7, pp. 499-505.

——, "The Chocho", en *Handbook of Middle American Indians*, University of Texas Press, 1969, Vol. 7, pp. 506-515.

——, "The Mazatec", en *Handbook of Middle American Indians*, University of Texas Press, 1969, Vol. 7, pp. 516-522.

HOPPE, Walter A.; Andrés MEDINA y Robert J. WEITLANER, "The Popoloca", en *Handbook of Middle American Indians*, University of Texas Press, 1969, Vol. 7, pp. 489-498.

HORCASITAS DE BARROS, Ma. Teresa y Ana María CRESPO, *Hablantes de lenguas indígenas de México*, México, Instituto Nacional de Antropología e Historia, 1979 (Colección Científica, 81).

HORCASITAS, Fernando, *The Aztec, then and now*, Editorial MINUTIAE MEXICANA, 1979.

HUERTA RIOS, César, *Organización política de una minoría nacional: los Triquis de Oaxaca*, México, Instituto Nacional Indigenista, 1981 (Serie de Antropología Social, 62).

ICHON, Alain, *La religión de los Totonacos de la Sierra*, México, Instituto Nacional Indigenista, 1973 (Serie de Antropología Social, 16).

JACKLEIN, Klaus, *Un pueblo Popoloca*, México, Instituto Nacional Indigenista, 1974 (Serie de Antropología Social, 25).

KELLEY, Jane H., *Mujeres Yaquis*, cuatro biografías contemporáneas, México, Fondo de Cultura Económica, 1982 (Colección Popular, 207).

KELLY, Isabel, "World view of a Highland-Totonac pueblo", *Summa Anthropologica* en homenaje a Robert J. Weitlaner, México, Instituto Nacional de Antropología e Historia, 1966, pp. 395-411.

LAGUNAS R., Zaid, *La población Matlatzinca actual*, México, Instituto Nacional de Antropología e Historia, 1982.

LAUGHLIN, Robert M., "The Tzotzil", en *Handbook of Middle American Indians, University of Texas Press*, 1969, Vol. 7, pp. 152-194.

——, "The Huastec", en *Handbook of Middle American Indians*, University of Texas Press, 1969, Vol. 7, pp. 298-311.

LEWIS, Oscar, *Life in a Mexican village:* Tepoztlan restudied, Urbana, University of Illinois Press, 1963.

LORENZEN, David (compilador), *Cambio religioso y dominación cultural*, México, El Colegio de México, 1982.

MADSEN, William, *The Virgin's children: life in an Aztec village today*, University of Texas Press, 1960.

——, "The Nahua", en *Handbook of Middle American Indians*, University of Texas Press, 1969, Vol. 8, pp. 602-637.

MANRIQUE C., Leonardo, "The Otomi", en *Handbook of Middle American Indians*, University of Texas Press, 1969, Vol. 8, pp. 682-722.

Mc GEE, William J., *Los Seris*, Sonora, México, México, Instituto Nacional Indigenista, 1980 (Clásicos de la Antropología, 7).

MILLER, Walter S., "El Tonalamatl Mixe y los hongos sagrados", *Summa Anthropologica* en homenaje a Robert J. Weitlaner, México, Instituto Nacional de Antropología, 1966, pp. 317-328.

MONTAGU, Roberta, "The Tojolabal", en *Handbook of Middle American Indians*, University of Texas Press, 1969, Vol. 7, pp. 226-229.

MUÑOZ, Maurilio, *La Mixteca-Nahua-Tlapaneca*, México, Instituto Nacional Indigenista, 1963 (Memorias del INI, IX).

NADER, Laura, "The Zapotec of Oaxaca", en *Handbook of Middle American Indians, University of Texas Press*, 1969, Vol. 7, pp. 329-359.

——, "The Trique of Oaxaca", en *Handbook of Middle American Indians*, University of Texas Press, 1969, Vol. 7, pp. 400-416.

NOLASCO, Margarita, *Oaxaca Indígena*, problemas de aculturación en el estado de Oaxaca y subáreas culturales, México, SEP/Instituto de Investigación e Integración Social del estado de Oaxaca, 1972.

NUTINI, Hugo G. y Barry L. ISAAC, *Los pueblos de habla náhuatl de la región de Tlaxcala y Puebla*, México, Instituto Nacional Indigenista, 1974 (Serie de Antropología Social, 27).

OCHOA ZAZUELA, Jesús Angel, *Los Kiliwa*, y el mundo se

hizo así, México, Instituto Nacional Indigenista, 1978 (Serie de Antropología Social, 57).

——, *Sociolingüística de Baja California*, Los Mochis, Sinaloa, México, Universidad de Occidente, 1982 (Colección Científica y Tecnológica).

OETTINGER, Marion, *Una comunidad Tlapaneca*, sus linderos sociales y territoriales, México, Instituto Nacional Indigenista, 1980 (Serie de Antropología Social, 61).

OLIVERA, Mercedes y Blanca SANCHEZ, *Distribución actual de las lenguas indígenas de México*, México, Instituto Nacional de Antropología e Historia, 1965.

OLMSTED, D. L., "The Tequistlatec and Tlapanec", en *Handbook of Middle American Indians*, University of Texas Press, 1969, Vol. 7, pp. 553-564.

OWEN, Roger C., "Contemporary ethnography of Baja California, México", en *Handbook of Middle American Indians*, University of Texas Press, 1969, Vol. 8, pp. 871-878.

PENNINGTON, Campbel, *The Tepehuan of Chihuahua*, the'r material culture, Salt Lake City, University of Utah Press, 1969.

POZAS, Ricardo, *Chamula*, un pueblo indio en los Altos de Chiapas, México, Instituto Nacional Indigenista, 1977 (Clásicos de la Antropología Mexicana, 1).

RAVICZ, Robert S., *Organización social de los Mixtecos*, México, Instituto Nacional Indigenista, 1965 (Serie de Antropología Social, 5).

RAVICZ, Robert S. y A. Kimball ROMNEY, "The Mixtec", en *Handbook of Middle American Indians*, University of Texas Press, 1969, Vol. 7, pp. 417-399.

——, "The Amuzgo", en *Handbook of Middle American Indians*, University of Texas Press, 1969, Vol. 7, pp. 417-433.

RECK, Gregory G., *In the shadow of Tlaloc*, life in a Mexican village, England, New York, Ontario, Penguin Books, 1978.

REDFIELD, Robert y Alfonso VILLA ROJAS, *Chan Kom*, a Maya village, Chicago and London, The University of Chicago Press, 1964.

REED, Karen B., *Los Huicholes*, México, Instituto Nacional Indigenista, 1972 (Serie de Antropología Social, 10).

RILEY, Caroll L., "The southern Tepehuan and Tepecano", en *Handbook of Middle American Indians*, University of Texas Press, 1969, Vol. 8, pp. 814-821.

RIVERA, Marie-Odile, *Una comunidad Maya de Yucatán*, México, SEP/SETENTAS, 1976.

SANCHEZ OLMEDO, José Guadalupe, *Etnografía de la Sierra Madre Occidental*, Tepehuanes y Mexicaneros, México, Instituto Nacional de Antropología e Historia, 1980 (Colección Científica, Etnología, 92).

SERVICE, Elman R., "The northern Tepehuan", en *Handbook of Middle American Indians*, University of Texas Press, 1969, Vol. 8, pp. 822-829.

SIGNORINI, Italo, *Los Huaves de San Mateo del Mar*, ideología e instituciones sociales, México, Instituto Nacional Indigenista, 1979 (Serie de Antropología Social, 59).

SPICER, Edward H., "The Yaqui and The Mayo", en *Handbook of Middle American Indians*, University of Texas Press, 1969, Vol. 8, pp. 830-845.

——, *The Yaquis*, a cultural history, Tucson, The University of Arizona Press, 1980.

THOMAS, Norman D., *Envidia, brujería y organización ceremonial*, un pueblo Zoque, México, SEP/SETENTAS, 1974.

TOZZER, Alfred M., *Mayas y Lacandones*, un estudio comparativo, México, Instituto Nacional Indigenista, 1982 (Clásicos de la Antropología, 13).

TURNER, Paul, *Chontales de los Altos de Oaxaca*, México, SEP/SETENTAS, 1972.

VAN ZANTWIJK, R. A. M., *Los servidores de los santos*, la identidad social y cultural de una comunidad Tarasca en México, México, Instituto Nacional Indigenista, 1974 (Serie de Antropología Social, 32).

VILLA ROJAS, Alfonso, "The Tzetal", en *Handbook of Middle American Indians*, University of Texas Press, 1969, Vol. 7, pp. 195-225.

——, "Maya Lowlands: the Chontal, Chol and Kekchi", en *Handbook of Middle American Indians*, University of Texas Press, 1969, Vol. 7, pp. 230-243.

——, "The Maya of Yucatan", en *Handbook of Middle American Indians, University of Texas Press*, 1969, Vol. 7, pp. 244-275.

——, *Los elegidos de Dios*, etnografía de los Mayas de Quintana Roo, México, Instituto Nacional Indigenista, 1978 (Serie de Antropología Social, 56).

——, *et al., Los Zoques de Chiapas*, México, Instituto Nacional Indigenista, 1975 (Serie de Antropología Social, 39)

VOGT, Evon Z., *Los Zinacantecos*, México, Instituto Nacional Indigenista, 1966 (Serie de Antropología Social, 7).

——, "Chiapas Highlands", en *Handbook of Middle American Indians, University of Texas Press*, 1969, Vol. 7, pp. 133-151.

——, *Ofrendas para los Dioses*, análisis simbólico de los rituales Zinacantecos, México, Fondo de Cultura Económica, 1979.

WEITLANER, Robert J., "The Cuicatec", en *Handbook of Middle American Indians*, University of Texas Press, 1969, Vol. 7, pp. 434-447.

—— y Howard F. CLINE, "The Chinantec", en *Handbook of Middle American Indians*, University of Texas Press, 1969, Vol. 7, pp. 523-552.

—— y Carlo Antonio CASTRO, *Usila, morada de colibríes*, México, Instituto Nacional de Antropología e Historia, 1973 (Papeles de la Chinantla, VII). (Serie Científica Museo Nacional de Antropología, 11).

ZINGG, Robert M., *Los Huicholes*, una tribu de artistas, México, Instituto Nacional Indigenista, 1982 (Clásicos de la Antropología, 12).